HEYNE ‹

THOMAS BASCHAB

# DIE SEHNSUCHT DER JUNGE UND DAS MEER

Eine magische Erzählung vom
Fortgehen und Ankommen

WILHELM HEYNE VERLAG
MÜNCHEN

Eine Erstfassung dieses Buches erschien 2006 unter dem Titel
»Pablos Traum« im Knaur Verlag, einem Imprint der Droemer Knaur
Verlagsgruppe GmbH & Co. KG, München.

Penguin Random House Verlagsgruppe FSC® N001967

Taschenbucherstausgabe 11/2021

Gekürzte und bearbeitete Neuauflage
Copyright © 2021 by Wilhelm Heyne Verlag, München,
in der Penguin Random House Verlagsgruppe GmbH,
Neumarkter Straße 28, 81673 München
Dieses Werk wurde vermittelt durch die AVA international GmbH
Autoren und Verlagsagentur München.
www.ava-international.de
Redaktion: Bettina Traub
Umschlaggestaltung: © Guter Punkt, München
Umschlagmotiv: © Christl Glatz, Guter Punkt, unter
Verwendung von Motiven von iStock/Getty Images Plus
Satz: Sabine Dunst, Guter Punkt, München
Druck: PB Tisk, a.s., Pribram
Printed in Czech Republic

ISBN: 978-3-453-63018-5

www.heyne.de

Für meine Eltern, Rita und Arthur Baschab

# KAPITEL 1

## *Die Entscheidung*

An diesem Morgen blieb Pablo auf der Bank vor dem Ofen sitzen und rührte sich nicht. Sein Vater stand schon in der Tür der kleinen Fischerhütte und sah ihn auffordernd an.

»Was ist mit dir, Pablo?«, fragte seine Mutter besorgt.

»Ich weiß auch nicht«, sagte er mit matter Stimme. »Ich fühle mich wie jemand, der sich im Nebel verirrt hat.«

»Aber Junge!«, rief die Mutter und blickte ihn erschrocken an. »Du wirst doch nicht etwa krank – drei Tage vor deiner Vermählung?«

»Krank, ach was!«, meinte der Vater. »Angst hat der Kerl – wie jeder Mann, wenn er seine Hochzeitsglocken läuten hört!«

Pablo legte die Arme auf den Tisch und ließ den Kopf hängen. »Du hast ja recht, Vater«, sagte er leise. »Olivia ist ein nettes Mädchen, und ich sollte glücklich sein, dass ich sie zur Frau bekommen darf.« Plötzlich sprang Pablo von der Bank auf und ging in der engen Hütte auf und ab. »Aber ich wollte mit einem Schiff übers Meer fahren, bis an ferne Küsten, neue Länder entdecken, die vor mir noch niemand gesehen hat.«

»Flausen«, knurrte der Vater. »Komm jetzt endlich. Oder willst du, dass unsere Netze heute leer bleiben?«

Gerade ging die Sonne auf, und die ersten Ruderboote fuhren aus dem Hafen hinaus. Pablo lief den Kai entlang, sprang in sein Boot und löste das Seil. Erst vor wenigen Monaten hatte ihm sein Vater den Ruderkahn geschenkt.

Ganz in Gedanken, ruderte er weit hinaus. Alles ist längst beschlossen: Ich werde mein Leben als Fischer verbringen und Olivia heiraten. Als er umherblickte, sah er nur noch das endlose, in der Morgensonne glitzernde Meer. Pablo warf sein Netz aus, nahm dann die vier kleinen Lederbälle, die er immer in seinen Hosentaschen trug, und begann zu jonglieren. Während er die Bälle in die Luft warf und wieder auffing, konnte er am besten nachdenken.

Als kleiner Junge hatte er diese Kunst vom alten Pepe gelernt, dem Gaukler und Zauberer, der jeden Herbst mit seinem Eselskarren zu ihnen ins Dorf kam und ihn vom ersten Augenblick an faszinierte. Seit damals jonglierte Pablo bei jeder Gelegenheit mit allem, was ihm in die Finger kam – und wenn er sich unbeobachtet glaubte, sogar mit Fischen.

Olivia, die Wirtstochter, war wirklich ein nettes Mädchen, hübsch und von ruhiger, zufriedener Wesensart. Lange hatte sich Pablo sein zukünftiges Leben an ihrer Seite ausgemalt. Aber was ist nur los mit mir, fragte er sich selbst, warum bin ich denn nicht glücklich?

Plötzlich wurde sein Boot von einem heftigen Ruck erschüttert. Beinahe wäre Pablo über Bord gegangen, doch im letzten Moment konnte er sich am Bootsrand festklammern. Die Bälle prasselten auf ihn herab, aber glücklicherweise landete keiner von ihnen im Wasser. Da muss mir aber ein gewaltiger Fisch ins Netz gegangen sein, dachte Pablo. Doch es hatten sich nur ein paar Dutzend kleine Fische zwischen den Maschen verfangen. Gerade wollte er das Netz wieder auswerfen, da bemerkte er die Kugel. Sie war fast gänzlich von schimmernden Fischleibern bedeckt. Pablo zog sie heraus und drehte sie in der Hand hin und her. Ein silbern glitzernder, kleiner Ball. Wundersamerweise klopfte sein Herz ganz aufgeregt.

Das Boot schaukelte auf den Wellen, und im gleichen Rhythmus schien sich etwas im Innern der Kugel zu bewegen. Wie umherwabernde Nebelschwaden. Plötzlich formten sie sich wie von Zauberhand zu einem Gesicht, das mit den zerfurchten Zügen und dem weißen Bart wie das eines alten

Mannes wirkte. Zwei schwarze Augen glühten Pablo erwartungsvoll entgegen.

»Was machst du hier?«, fragte da der Alte in der Kugel.

»Was … ich …?«, stotterte Pablo und biss sich auf die Zunge. Das konnte doch nicht sein, dass in dieser Kugel ein alter Mann hauste, der ihn auf einmal ansprach?

»Was machst du hier in diesem Boot?«, fragte der Alte erneut.

»Ich … ich bin Fischer«, stammelte Pablo. »Und ich fahre jeden Morgen mit meinem Boot hinaus aufs Meer.«

»Macht dir das Spaß? Bist du ein guter Fischer?«

»Na ja«, antwortete Pablo. »Es ist meine Arbeit.« Er setzte sich auf die Ruderbank. Unablässig schien ihn der Alte aus dem Innern der Kugel anzusehen. »Wenn ich die Wahl hätte«, sagte er, »würde ich nicht den ganzen Tag hier sitzen und darauf warten, dass mir ein paar Fische ins Netz gehen.« Er seufzte. »Und in den Netzen der anderen Fischer aus dem Dorf sind am Abend auch immer mehr Fische als in meinem Netz.«

»Was würdest du denn lieber tun?«

Pablo seufzte. »Mein Traum wäre es, übers Meer zu fahren, die Welt zu erforschen und Abenteuer zu erleben.«

»Und warum fährst du nicht einfach los?«, fragte der alte Mann forsch. »Wer weiß, ob du da draußen in der Welt nicht viel mehr ausrichten könntest als in deinem Dorf?«

Wie meinte er das?, fragte sich Pablo.

»Wie wäre es, etwas zu tun, das dich viel mehr erfüllt, als den lieben langen Tag darauf zu warten, dass dir ein paar Fische ins Netz gehen? Wie wäre es zum Beispiel, auf Menschen zu treffen, von denen du etwas lernen könntest?«

Der Alte hörte gar nicht mehr auf. In Pablos Kopf drehte sich alles.

»Was hindert dich daran, deinen Traum zu leben?«, setzte er nach.

»Alles hindert mich daran«, fing Pablo an zu erklären. Ich brauche ein Auskommen. Brauche …« Und während er nach den passenden Worten suchte, begann das Gesicht in der Kugel wieder zu verschwimmen, und im spiegelnden Metall waren nur noch seine eigenen Züge zu erkennen. Pablo sah sich um. Hatte er sich das alles nur eingebildet? Sein Boot schaukelte auf den sanften Wellen, die Sonne brannte vom Himmel, Möwen schossen wie gefiederte Pfeile ins blaue Wasser hinab. Alles war wie immer. Außer dass in seinem Kopf nun die Fragen des Alten rumorten.

Was hindert mich eigentlich daran, in die Welt hinaus zu ziehen? Oft malte sich Pablo aus, wie er als kühner Entdecker durch die Lande zog oder auf einem großen Schiff über die Meere kreuzte. Pablo drehte die Kugel abermals in seiner Hand, doch das Gesicht des Alten wollte nicht wieder erscheinen. Stattdessen dachte Pablo über seine Fragen nach. Was wäre, wenn er wirklich machen könnte, was er wollte? Er warf die Kugel in die Luft und fing sie wieder auf. Was der alte Pepe wohl dazu gesagt hätte? Zum Jonglieren war sie zu schwer, und mit einer einzigen Kugel konnte man sowieso keine Kunststücke vollführen. Aber die Silberkugel hatte seine Gedanken ins Rollen gebracht, wie die kleinen Lederbälle.

Für seinen Vater, dachte Pablo, war es ganz selbstverständlich, dass sein Sohn Fischer wurde, so, wie er selbst sein ganzes Leben lang als Fischer aufs Meer hinausgefahren war. Ein Tag glich dem anderen, doch zumindest gab es stets genug zu essen und ein Dach über dem Kopf. Und schließlich war da noch Olivia, bei deren liebem Lächeln ihm immer ganz warm ums

Herz wurde. In drei Tagen wollten sie heiraten! Wie könnte er das alles so einfach aufgeben? Und selbst wenn – er würde nicht weit kommen, mit seinem kleinen Ruderkahn.

Pablo beschirmte die Augen mit der flachen Hand und blickte auf den Ozean. Auf einmal wurde ihm ganz sonderbar zumute. Fühlte er tief in seinem Innern nicht plötzlich ein abenteuerlustiges Kribbeln? Ob er es doch wagen sollte? Ach was, ganz unmöglich, sagte sich Pablo dann wieder und ließ die Hand sinken. Der Vater würde mich verfluchen, der Mutter würde ich das Herz brechen – und Olivia? Sie wird einen anderen finden, flüsterte ihm da eine Stimme zu, die aus der Kugel zu dringen schien. Einen jungen Fischer, der sich nichts anderes wünscht, als sein Leben hier im Dorf und in der kleinen Bucht zu verbringen. Pablo überlegte hin und her. Noch ist es nicht zu spät. Noch kann ich mein Glück in die eigenen Hände nehmen. Ich muss mich nur trauen und mir einen Ruck geben, der mich aus allem herausholt, was mich hier festhalten will. Wieder nahm er die Kugel und drehte sie zwischen den Händen. Der bärtige Alte ließ sich einfach nicht mehr blicken.

Mit einem Mal erschien vor Pablos geistigem Auge ein anderes Gesicht, das gütige Antlitz seines Großvaters. Er hatte ihm einige Lebensweisheiten mit auf den Weg gegeben, deren Sinn sich Pablo erst heute erschloss. »Du wirst in deinem Leben immer wieder Entscheidungen treffen müssen«, hatte der Großvater gesagt, »und es ist unvermeidlich, dass du dich manchmal auch falsch entscheidest. Aber aus Fehlern kannst du lernen.« Mit seinen wasserhellen Augen hatte ihn der alte Mann liebevoll angesehen. »Viel folgenschwerer als falsche Entscheidungen sind die, vor denen du dich drückst, mein Junge. Wer sich zwischen zwei Wegen für keinen entscheidet, engt sich selbst ein. Ich könnte dir von Menschen erzählen, die am Ende verbittert oder gar krank wurden, weil sie einer lebenswichtigen Entscheidung ausgewichen sind.«

Pablo rieb sich über die Schläfen und starrte vor sich hin. Das soll mir nicht passieren, dachte er und fasste sogleich einen Entschluss: Zumindest heute würde er sein Netz nicht noch einmal auswerfen. Wie gern wäre er jetzt zum Großvater gegangen, um mit ihm zu sprechen. Aber der alte Mann war letztes Jahr verstorben.

Während er langsam zum Hafen zurückruderte, sprach er in Gedanken: Könnte ich mich denn für ein anderes Leben entscheiden? Habe ich überhaupt eine Wahl? Die berühmten Abenteurer waren bestimmt reiche, gebildete Männer. Was soll ein Fischerjunge wie ich schon entdecken? Meine Welt ist nicht größer als das Dorf, in dem ich geboren wurde und aufgewachsen bin.

Endlich erreichte er wieder die kleine Bucht, sprang an Land und machte sein Boot an der Mole fest. Die Silberkugel hatte er zu den kleinen Lederbällen in die Hosentasche gesteckt. Was hätte der Großvater ihm jetzt wohl geraten? Natürlich war er weder reich noch gebildet, und von der Welt hatte er noch nichts gesehen. Aber wichtiger als alles andere war doch, ein Ziel für sein Leben zu haben, oder etwa nicht? Ein Ziel, um das es sich zu kämpfen lohnte – war das nicht mehr wert als ein voller Bauch und ein weiches Bett für die Nacht? Wer nichts besaß, hatte auch nichts zu verlieren, dafür aber alles zu gewinnen. Und plötzlich spürte Pablo in sich die gebieterische Kraft, alles hinter sich zu lassen und in die Fremde zu ziehen. Doch im selben Moment fiel ihm ein, was seine Eltern und Olivias Vater beschlossen hatten. Aber bin ich denn auf der Welt, um die Hoffnungen meiner Eltern zu erfüllen? Geht es denn nicht vielmehr darum, dass ich mein eigenes Leben lebe?

Mittlerweile fühlte er sich wie ein Boot im Sturm, so sehr schwankte er zwischen Hoffen und Bangen hin und her. Er holte seine vier Bälle aus den Hosentaschen und ging jonglierend weiter die Mole entlang. Und würde Olivia ein Wort verstehen, wenn er ihr von seinen Träumen erzählte? Bei dir würde Olivia nicht glücklich werden, flüsterte Pablos innere Stimme, so wenig wie du bei ihr. Denn du liebst sie nicht so, wie man die Frau lieben sollte, mit der man sein Leben verbringen will.

Er sprang von der niedrigen Hafenmauer zum Strand hinunter, ließ die Bälle in den warmen Sand fallen und hockte sich daneben. Beinahe hätte er sich auf die Silberkugel gesetzt. Er holte sie aus der Hosentasche und hielt sie gegen die Sonne. Pablo schüttelte den Kopf – eine völlig normale Kugel. Er verstand überhaupt nicht, was da mit ihm vorging. Doch eines war ihm klar geworden: Er musste sich entscheiden. Der Großvater hatte recht. Sich nicht zu entscheiden war schlimmer, als eine falsche Entscheidung zu treffen.

In der folgenden Nacht träumte er von einem Schiff, das größer als das ganze Dorf war, ein riesiger Leib, der durch den Ozean stampfte. In einem prächtigen Gewand stand Pablo hoch oben auf der Offiziersbrücke. Ein Matrose reichte ihm ein Fernrohr: Er erkannte einen Landstrich, der sich weit vor ihnen aus den Fluten erhob. Eben ging dort drüben die Sonne auf, und in ihrem Schein funkelte die ganze Bucht, als ob sie aus purem Gold wäre. Eine gewaltige Stadt erhob sich dort, mit fantastischen Türmen und Zinnen. Pablo stieß einen Jauchzer aus, so laut, dass er davon erwachte.

Alles war nur ein Traum, und er spürte die herbe Enttäuschung. Doch sein Herz klopfte immer noch stark und schnell von der Freude, die er eben empfunden hatte. Der Mond kam hinter einer Wolke hervor und schien durch das Fenster in die Hütte. Mitten in der Stube auf dem Tisch lag die Kugel, die im Mondschein geheimnisvoll schimmerte. Pablo saß auf seinem Strohlager, die Hände zu Fäusten geballt. Aber der einzige Gegner, mit dem er sich hätte prügeln können, war sein eigener Schatten, der neben ihm über die Wand geisterte. Er legte sich wieder hin und schloss die Augen. Aber wie er sich auch hin und her wälzte, in dieser Nacht fand er keinen Schlaf mehr. Wieder und wieder sah er das Schiff vor sich, auf dessen höchster Brücke er gestanden hatte, von Glück und Stolz erfüllt. Dann wieder erblickte er sich selbst, wie er in seinem kleinen Ruderboot saß, das Netz auswarf und sehnsüchtig auf das Meer hinaussah. Aber die märchenhafte Bucht mit der goldenen Stadt würde er mit seinem Fischerkahn niemals erreichen.

Am nächsten Morgen brummte Pablo der Schädel, und sein ganzer Körper fühlte sich schwer und hölzern an, als er bei Sonnenaufgang hinter dem Vater aus der Hütte stolperte. Die Bucht war schon übersät mit den Fischerbooten aus dem Dorf. Lustlos ruderte Pablo hinaus und hoffte nur, dass keiner ihn ansprechen würde. Nicht selten machten sich die anderen Fischer über ihn lustig, wenn er wieder mal mit offenen Augen träumte oder mit seinen Bällen jonglierte, anstatt sich wie die anderen um nützliche Dinge zu kümmern. Und gerade heute, das spürte Pablo genau, würde er ihren Spott nicht ertragen.

In der kommenden Nacht hatte Pablo wieder einen Traum. In seinem kleinen Fischerboot ruderte er aufs Meer hinaus. Weit draußen warf er an einer ruhigen Stelle sein Netz aus. Scheinbar war alles wie immer, aber Pablo hatte sich kaum auf die harte Ruderbank gesetzt, als sein Kahn einen gewaltigen Stoß erhielt. Er staunte nicht schlecht, als er in den Maschen seines Netzes einen riesigen Fisch zappeln sah. Obwohl er niemanden gerufen hatte, kamen die anderen Fischer von allen Seiten herbeigefahren und riefen einander mit aufgeregten Stimmen zu: »Pablo hat den größten Fisch aller Zeiten gefangen!«

Unterdessen hatte Pablo das Netz mitsamt dem riesigen Fisch schon halbwegs an Bord gezogen. Als er hörte, was die anderen Fischer einander zuriefen, bekam er einen gewaltigen Schreck. Was mache ich hier eigentlich? Blitzschnell zog er sein Messer aus dem Gürtel, schnitt das Netz entzwei, und der Fisch verschwand in der Tiefe des Meeres. Die anderen Fischer schimpften und fluchten, doch Pablo fühlte sich so erleichtert, als ob er selbst gerade aus seinem eigenen Netz entkommen wäre. Er lachte im Traum, und als er erwachte, spürte er immer noch das Lächeln in seinem Gesicht.

Wieder schimmerte die Silberkugel, die drüben auf dem Tisch lag, in der dunklen Nacht. »Jetzt ist es entschieden«, sprach Pablo laut aus. »Ich kann nicht bleiben. Es ist mir bestimmt, die Welt zu entdecken. Das ist mein Schicksal. Das majestätische Schiff aus meinem Traum weist mir den Weg. Und der riesige Fisch aus dem zweiten Traum hat meine letzten Zweifel beseitigt: Ich will und kann nicht als Fischer leben.«

Am nächsten Morgen fühlte er sich leicht und frei. Wie recht der Großvater doch hatte. Man muss sich entscheiden, auch auf die Gefahr hin, die falsche Wahl zu treffen. Aber Pablo wusste, dass er sich richtig entschieden hatte. Eine Zentnerlast war von ihm abgefallen, wenngleich ihm die Gespräche mit seinen Eltern und Oliva noch bevorstanden.

»Liebe Eltern«, begann er und sah von der Mutter zum Vater. »Ich kann nicht länger bei euch bleiben. Ich muss hinaus in die Welt.«

Unter zusammengezogenen Augenbrauen sah ihn der Vater an. »Geträumt hast du, Junge, geträumt und nicht nachgedacht! Ja glaubst du denn, ich hätte mir in meiner Jugend nicht auch die prächtigsten Luftschlösser in die Wolken gemalt? Aber jetzt ist es Zeit, erwachsen zu werden.«

»Es ist mir nicht bestimmt, als Fischer zu leben«, sagte Pablo mit fester Stimme.

»Natürlich ist es dir bestimmt! Was denn sonst? Dein Vater ist ein Fischer, und dein Großvater war auch ein Fischer. Und du selbst bist längst einer, da hilft kein Sträuben mehr.«

»Nein, Vater«, sagte er, »ich bin kein Fischer, und ich werde auch niemals einer sein. Es tut mir leid.«

Hilfe suchend sah sein Vater zur Mutter hinüber. Die aber schüttelte nur ganz leicht den Kopf, und in ihren Augen schimmerten Tränen.

»Aber wie stellst du dir das denn vor, Junge!«, fing der Vater wieder an. »Du kannst doch Olivia nicht einfach sitzen lassen, um einem kindischen Traum nachzujagen!«

Pablo stieß einen leisen Seufzer aus. »Vater, Mutter, ich bitte euch, lasst uns nicht im Zorn voneinander scheiden. Ich möchte euch keinen Kummer bereiten, aber ich glaube fest, dass es mir bestimmt ist, die Welt zu entdecken. Wenn ich diesem inneren Ruf nicht folge, werde ich mein Glück nicht finden. Und das kann doch nicht euer Wunsch sein.«

»Das Glück ist ein launisches Ding.« Der Vater schien noch immer zu grollen. »Wer ihm nachjagt, fällt auf die Nase. Zufriedenheit sollte dein höchstes Lebensziel sein.«

Pablo sah zur Mutter hin. Ihre Augen glänzten noch feucht, aber ihr Gesicht wirkte jetzt beinahe heiter. »Zufriedenheit ist nicht zu verachten«, sagte sie. »Aber das Höchste, das wir im Leben erreichen können, ist Glück.« Sie lächelte ihren Sohn an.

Der Vater zögerte kurz, dann drückte er kräftig Pablos Rechte. »Mögest du vom Schlimmsten verschont bleiben.«

»Viel Glück, mein Junge«, sagte die Mutter.

Da sprang Pablo auf und umarmte die beiden. Er fühlte sich wie berauscht vor Erleichterung, ja wie vom Bann der Schwerkraft befreit.

Am Ende der Bucht lag das Wirtshaus, es war das prächtigste Haus im ganzen Dorf. Olivia schläft bestimmt noch, dachte Pablo, als er vor der mit Schnitzereien verzierten Gasthaustür stand und von drinnen das dröhnende Lachen des Wirts hörte. Er wollte bereits die Klinke herunterdrücken, doch ließ er die Hand wieder sinken und schlich um das Haus herum. Dort lag eine Holzleiter zwischen Rechen und Besen am Boden. Pablo hob sie auf und lehnte sie unter dem Fenster an die Hauswand. Wie oft war er auf diese Weise bei dem Mädchen eingestiegen, und wie wild hatte sein Herz geklopft, als sie ihn zum ersten Mal heimlich empfangen hatte. Heute aber fühlte er nur ein wenig Wehmut und vor allem den Wunsch, in Frieden von ihr zu scheiden.

Kaum stand er in ihrer Kammer, da öffnete Olivia die Augen. Verschlafen lächelte sie ihren Liebsten an und streckte die Hände nach ihm aus. »Bald, Pablo«, murmelte sie, »bald erwachen wir jeden Morgen Arm in Arm.«

Ihre Kammer war so eng, dass er sich kaum bewegen konnte, ohne sie zu berühren, ohne gegen irgendetwas zu stoßen. Ihre Truhe, ihr Waschtisch, der Schemel, auf dem ihre Kleider sorgsam übereinanderlagen, alles war ihm vertraut.

»Ich muss mit dir reden, Olivia«, sagte er und musste sich zwingen, ihr in die Augen zu sehen.

Sie hörte auf zu lächeln und richtete sich auf, die Decke bis zu den Schultern hochgezogen. Fragend sah sie Pablo an.

»Ich … ich kann dich nicht heiraten, Olivia«, sagte er leise und musste schlucken. »Ich gehe weg. Für immer.« Er hielt ein wenig inne, um dann weiterzusprechen: »Ich wünsche mir so sehr, dass du einen anderen findest, der dich glücklich macht. Glücklicher, als ich es jemals könnte«, fügte er hinzu und sah sie schweigend an.

»Du verlässt mich, Pablo«, sagte sie endlich. »Das macht mich sehr traurig, überrascht mich jedoch weniger, als du anzunehmen scheinst. Komm her zu mir.« Sie streckte die Hand nach ihm aus.

Pablo setzte sich auf die äußerste Bettkante, und Olivia streichelte seine Hand. »Ich habe es seit Langem geahnt«, sagte sie. »Wie oft haben wir so beisammengesessen – dein Körper ganz nah bei mir, doch in deinen Gedanken und Träumen warst du weit von mir weg.«

Pablo spürte, wie er errötete. »Nein … nein, Olivia, so war das nicht«, stammelte er.

»Lass gut sein, Lieber«, sagte sie dann. »Keine Bange, ich werde dich nicht anflehen, bei mir zu bleiben. Niemals habe ich deine Augen heller leuchten, niemals das Glück stärker aus dir hervorstrahlen sehen, als wenn du von deinen Träumen und Hoffnungen gesprochen hast.« Sie drückte seine Hand wie zum Abschied.

Pablo senkte den Kopf.

Olivia schien zu spüren, wie ihm zumute war. »Gib mir einen letzten Kuss, Pablo«, sagte sie, »auf die Wange, wie ein Bruder seine Schwester küsst.«

Pablo hauchte einen Kuss auf ihre Wange.

»Geh jetzt. Ich bin dir nicht böse, Pablo, ich gebe dich frei.«

# KAPITEL 2

*Aller Anfang ist schwer*

Als Pablo in See stach, war das halbe Dorf an der Mole versammelt. Gestern hatte er gleich noch einen kleinen Baum gefällt und ein Leintuch mit Ösen und Seilen versehen. Stolz hisste er nun das Segel und ließ sich vom Wind hinaus aufs offene Meer ziehen.

Die Stunden vergingen, die Sonne stieg höher und höher. Wieder und wieder überdachte er, was in den letzten Tagen geschehen war, und jedes Mal kam er zu dem Schluss, dass er richtig gehandelt hatte.

Die Nacht sank herab, und Pablos Boot trieb langsam auf den murmelnden Fluten dahin. Er wickelte sich in seine Decke und sah zum Sternenhimmel empor. Ich habe mich auf den Weg gemacht, dachte er und fühlte sich so glücklich wie kaum jemals zuvor in seinem Leben. Auch Pepe kam ihm wieder in den Sinn, und er berührte die vier kleinen Lederbälle in seinen Hosentaschen. Der alte Gaukler hatte gleich bei ihrer ersten Begegnung erkannt, dass Pablo ein gutes Gespür für die Lederkugeln hatte. Pepe hatte ihm beigebracht, erst mit zwei und drei, schließlich mit vier Bällen zu jonglieren. Und Pepe war nicht nur einer der ganz wenigen Jongleure, die mit fünf Bällen jonglieren konnten, er war auch ein großartiger Magier. Er konnte mit dem Strahl seines Augenlichts Fackeln entzünden und die Gedanken jeder Person lesen, die er mit seinem durchdringenden Blick fixierte. Obwohl er alt und gebrechlich aussah, vermochte er seinen schweren Eselskarren mit einer Hand die Mole entlangzuziehen. Hierbei kam es weder auf besondere Körperkraft noch auf magische Macht an, wie er Pablo eines Tages erklärte. Man musste nur sämtliche Kräfte auf den allerersten Moment konzentrieren, in dem man den Karren anzog. »Wenn du willst, dass dieses Zunderholz anfängt zu brennen«, hatte Pepe erklärt und ein Holzstück vom Boden aufgeklaubt, »dann legst du es nicht einfach in die Sonne, sondern bündelst die Sonnenstrahlen mit einer Lupe.« Daraufhin hatte er aus Pablos Hemd eine Lupe hervorgezogen und das Glas über das Holzstück gehalten, das binnen weniger Augenblicke anfing zu kokeln.

Überdies war Pepe auch noch ein Weissager, bei dem die Leute in Schlangen anstanden, um sich Rat zu holen. Die genaue Botschaft seiner Orakelsprüche war nicht immer leicht zu ergründen. Aber wie der Großvater Pablo einmal erklärt hatte, fanden viele gerade dadurch zu einer Lösung ihrer Probleme, dass sie über die dahinterliegende Bedeutung seiner Weisheiten sinnierten.

»Manche Pinienzapfen rollen ins Meer, andere bleiben neben dem Stamm liegen – zu welchen gehörst du?« Diesen Spruch hatte einst Pablos Großvater von Pepe mit auf den Weg bekommen, als er überlegt hatte, das Dorf zu verlassen. Denn auch sein Großvater war als junger Mann ein unruhiger Geist gewesen, den es in die Welt hinauszog. Aber je länger er über Pepes Sinnspruch nachdachte, desto klarer war dem Großvater geworden, dass er zu denjenigen gehörte, die lieber in ihrem Heimatdorf ihre Wurzeln schlugen.

Jedes Jahr im Herbst war Pepe für einige Tage in ihr Dorf gekommen, doch in dem Herbst, als Pablo fünfzehn Jahre alt geworden war, hatte er vergeblich auf den alten Magier gewartet. In diesem und allen folgenden Jahren hatte der Gaukler das Versprechen bis heute nicht eingelöst, mit dem er sich von seinem Schüler verabschiedet hatte: »Um mit einem Ball zu spielen«, hatte Pepe gesagt, »brauchst du nicht mehr Geist als eine Katze, die ein Wollknäuel umherrollt – dafür genügt ein wenig körperliche Geschicklichkeit. Wenn du mit zwei Bällen jonglierst, spürst du selbst, dass dir viel mehr als diese kleine Übung möglich wäre – das ist, als ob du auf dem Bauch kriechen würdest, während du weißt, dass du auf zwei Beinen so schnell wie der Wind laufen könntest. Wenn du drei Bälle in der Luft hältst, erprobst du zumindest ein bisschen von den Kräften, die in dir stecken – aber es ist so wenig, dass weder du selbst noch deine Zuschauer besonders beeindruckt sind. Und mit vier Bällen zu jonglieren ist eine äußerst beachtliche Leistung – es ist, als ob du so schnell wie der Wind laufen könntest. Wenn du aber fünf Bälle in der Luft halten kannst, grenzt das an Zauberei – es ist, als ob du selbst fliegen würdest.«

Die Sterne funkelten über Pablo am Himmel, und auf einmal kam es ihm vor, als ob der alte Gaukler von da oben zu ihm herunterlächeln würde. »Übe immer weiter, mein Junge«, hatte ihm Pepe eingeschärft. »Ein so talentierter Schüler wie du ist mir selten untergekommen. Machst du weiter solche Fortschritte, kann ich dir im nächsten Sommer das Geheimnis des fünften Balls offenbaren.«

Was mochte es wohl damit auf sich haben? Pablo blickte seufzend in den Sternenhimmel. Vielleicht hatte die Kugel, die er aus dem Meer gefischt hatte, doch eine Bedeutung? Aber wie konnte sie ihm denn beim Geheimnis des fünften Balls weiterhelfen? Eine Weile dachte Pablo in seinem schaukelnden Boot noch darüber nach. Dann wickelte er sich fester in seine Decke, und irgendwann schlief er ein.

Als er zu sich kam, dämmerte schon der Morgen, und ein Unwetter zog herauf. So gewaltig blies der Sturm, dass Pablo große Mühe hatte, das Boot vor dem Kentern zu bewahren. Wohin seine Fahrt ging, nach Nord oder Süd, nach West oder Ost, er wusste es selbst nicht mehr. Dichte Wolken bedeckten den Himmel, der Wind wurde immer stärker, und mit einem Mal war es ungemütlich kalt geworden.

Seit er vorgestern seinen Kahn in ein kleines Segelboot verwandelt hatte, war er in einem Zustand fiebriger Erregung gewesen, die jetzt allerdings der Ernüchterung wich. So rau hatte er sich die Fahrt übers Meer nicht vorgestellt. Immer heftiger brüllte der Sturm, und turmhoch stiegen die Wellen empor. Pablo wollte das Segel einholen, wagte es jedoch nicht, den Bootsrand loszulassen. Ängstlich blickte er sich um. Im nächsten Moment riss der Sturm das schöne Leintuch vom Mast und wirbelte es davon.

Pablo drückte sich flach auf den Boden seines Kahns und zitterte am ganzen Körper. Was für ein Narr ich doch war, dachte er. Die liebe Olivia sitzen zu lassen, Wohlstand und Ansehen auszuschlagen – und das alles für einen kindischen Traum! Meine Bestimmung wollte ich finden – das Einzige, was ich hier draußen finden werde, ist der Tod!

Da kam ihm sein Großvater in den Sinn: »Hinfallen ist erlaubt, Pablo – nur liegen bleiben nicht! Was auch passiert, du musst immer wieder aufstehen.«

Aber wenn ich jetzt untergehe?, dachte Pablo. Wenn ich unten auf dem Meeresgrund liege, wie soll ich da denn wieder aufstehen? Mit aller Kraft klammerte er sich am Bootsrand fest. Und doch ist es besser so, sagte er sich. Als Fischer wäre ich schließlich auch gestorben – bei lebendigem Leib und jeden Tag ein bisschen mehr! Er erspähte sein Bündel, in das er auch die Silberkugel eingewickelt hatte. Lieber untergehen bei dem Versuch, den eigenen Traum zu verwirklichen, als aus Feigheit im Voraus aufzugeben!

Plötzlich packte der Sturm Pablos Boot und warf es so wüst aufs Wasser, dass er durch das Heulen hindurch das Holz bersten hörte. Im nächsten Moment fand er sich im eiskalten Wasser wieder. Ein Brett wurde gegen seinen Kopf geschleudert, unwillkürlich griff er nach der rettenden Planke, dann wurde es schwarz um ihn.

Als Pablo zu sich kam, lag er im flachen Wasser vor einem menschenleeren Strand. Er stöhnte auf, als er die Beule an seinem Hinterkopf berührte. Mit letzter Kraft rappelte er sich hoch und kroch auf allen vieren weiter, bis unter ihm nur noch trockener Sand war. Dann ließ er sich fallen und schlief erschöpft ein.

Er lag mit der Wange im warmen Sand, als er wieder erwachte. Sein erster Blick traf auf die silbrig schimmernde Kugel, die neben ihm in einer kleinen Mulde lag. Er tastete danach und schüttelte sie, doch auch diesmal wollte der Alte nicht erscheinen. Dabei habe ich Rat und Hilfe niemals so sehr gebraucht wie gerade jetzt, dachte Pablo.

Mühsam setzte er sich auf und sah aufs Meer hinaus. Irgendwo dort hinter dem Horizont musste sein Dorf liegen. Ob es anderen Entdeckern auch so ergangen war? Ob auch ihr erster Aufbruch gleich mit einem kläglichen Schiffbruch geendet hatte?

Sein Kopf dröhnte, und sein rechter Arm schmerzte. Vorsichtig betastete er seine Gliedmaßen. Zumindest seine Knochen schienen glücklicherweise noch heil. Also hätte dieses erste Abenteuer doch auch viel schlimmer enden können. Plötzlich ergriff ihn eine Welle der Zuversicht. O nein, er würde sich nicht entmutigen lassen – nicht durch einen Sturm und nicht durch den Verlust eines Fischerboots. Das musste er vielleicht auch hinter sich lassen, dachte Pablo, damit das neue Leben tatsächlich beginnen konnte. »Kein schlechter Wind, der nicht auch etwas Gutes mit sich bringt« – noch eine Weisheit seines Großvaters. Und plötzlich merkte Pablo, dass ihn die überstandene Gefahr gekräftigt hatte, und nicht geschwächt. So klar wie noch nie zuvor fühlte er jetzt, dass er die richtige Entscheidung getroffen hatte.

Er stand auf. Zu seinem Erstaunen sah er nun einige Meilen westwärts eine Stadt. Pablo erkannte Türme und Kuppeldächer, die in der Sonne blinkten. Große und kleine Schiffe liefen dort drüben im Hafen ein und aus. Wenn er am Strand entlangging, würde er die Stadt über kurz oder lang erreichen.

Warum bemerke ich sie eigentlich erst jetzt?, fragte er sich. Warum ist sie mir nicht gleich aufgefallen, als ich vorhin zu mir gekommen bin? Nun, die Antwort lag auf der Hand: Solange er am Boden hockte und sein Schicksal bejammerte, hatte er nichts anderes wahrnehmen können. Doch dann hatte er sich aufgerichtet, und schon zeigte sich, dass er seinem Ziel viel näher war, als er es geahnt hatte.

Pablo schob die Kugel tief in seine Hosentasche zu den kleinen Lederbällen. Die prächtige Siedlung dort drüben ähnelte tatsächlich der Stadt aus seinem Traum. Aber diesmal war er leibhaftig hier.

Die Nachmittagssonne stand schon über der weiten Bucht, als er sein Ziel erreichte. Seine Beine zitterten vor Erschöpfung nach dem langen Marsch. Große Schiffe fuhren in den Hafen ein, Dutzende kleiner Boote folgten ihnen wie Mückenschwärme. Die Männer an Bord standen in königlicher Haltung auf den Decks und schienen verachtungsvoll auf die Landbewohner hinabzusehen. Keine zehn Schritte vor Pablo legte gerade ein majestätisches Segelschiff an. Seile, so dick wie Baumstämme, wurden herabgeworfen, um den Meeresriesen zu vertäuen. Scharen von Matrosen liefen herbei und schleppten Kisten an Land. Wie gern würde er zu diesen tollkühnen Seefahrern gehören! Am Hafenweg warteten schon Männer mit Eselskarren, um die Schiffsladung in Empfang zu nehmen und sie zu den Lagerhallen gegenüber zu bringen.

Die Luft war geschwängert mit Gerüchen, die Pablo niemals vorher wahrgenommen hatte.

»He du, Bursche!« Hoch über Pablo beugte sich ein Mann über die Reling des Riesenschiffes. »Willst du gaffen oder mithelfen?«

»Wer – ich?« Pablo legte den Kopf in den Nacken und sah ungläubig nach oben.

»Natürlich du! Du siehst aus, als ob du eine ordentliche Last tragen könntest.« Der grauhaarige Mann kniff die Augen zusammen. »Los, herauf mit dir – ich zahle drei Heller am Tag.«

Pablo wurden die Knie weich. In seinem Innern kämpfte die Neugier mit der Angst. Hatte er sich nicht eben noch vorgestellt, dort oben auf dem riesigen Schiff zu sein? Und wer hatte ihn da angesprochen? Das war doch bestimmt der Kapitän des Segelschiffs! Dieser Gedanke gab den Ausschlag. Pablo ging zum Schiff hinüber. Mit klopfendem Herzen kletterte er eine Leiter nach oben und stand wenig später auf dem untersten Deck.

Es war das erste Mal, dass er ein Schiff betrat. Überwältigt sah er sich nach allen Seiten um. Die Planken und Spanten knarrten leise, es roch nach Holz und Teer, unter seinen Fußsohlen spürte er, wie sich der gewaltige Schiffsleib in der Dünung wiegte.

»Alles muss bis Ende der Woche entladen und dort drüben verstaut sein.« Der Mann deutete auf den Lagerschuppen. »Dann sticht das Schiff wieder in See, mit Kurs auf Neu-Indien. Wenn du dich geschickt anstellst, kannst du auch weiterhin in meinen Diensten bleiben.«

»Nichts lieber als das! Davon träume ich schon seit Langem: mit einem stolzen Schiff wie diesem über die Meere zu fahren.«

Da verzog sich das Gesicht des Mannes zu einer Grimasse. »Wo denkst du hin«, sagte er und spuckte aus. »Ich bin der Aufseher vom Lager dort drüben.« Also marsch an die Arbeit!« Er führte Pablo in den Schiffsbauch hinab, wo sich Säcke und Kisten stapelten.

Pablo packte den erstbesten Sack und stemmte ihn auf seine Schulter. Die gewaltige Last zwang ihn fast in die Knie. Gebückt wankte er auf den Ausgang zu. Pablos biss die Zähne zusammen. Aller Anfang ist schwer. Mit dem Sack, dem ein betäubender Geruch entströmte, balancierte er das Fallreep hinab und warf seine Last auf den Eselskarren. Na also, geht doch, spornte er sich an.

Nach zwei Stunden schmerzte sein Rücken, und seine Schultern fühlten sich wie gehäutet an. Am Abend seines ersten Tages als Lastenträger war Pablo so erschöpft, dass er über dem kargen Nachtmahl beinahe einschlief. Die anderen Arbeiter hatten ihn in den Schuppen mitgenommen, wo sie alle, auf einem Strohlager zusammengedrängt, schliefen.

»Warum macht ihr das nur mit?«, fragte Pablo. »Das ist doch die reinste Sklavenarbeit.«

»Aber sie bringt drei Heller am Tag«, erwiderte einer seiner Leidensgenossen. Im Schein der Öllampe zeigte er Pablo seine schwieligen Hände. »Und ehrliche Arbeit schändet nicht.«

»Außerdem gewöhnt man sich daran«, tröstete ihn ein anderer. »Anfangs überlegst du noch, wie du diesem Albtraum entkommen könntest. Aber bald schon bist du so abgestumpft, dass du einfach alles schleppst, was dir der Aufseher befiehlt.«

»Aber das ist doch kein Leben!«, begehrte Pablo auf. Ich werde meinem Traum folgen, dachte er im Stillen, was auch geschieht.

Am Ende der Woche hatten sie tatsächlich das gesamte Schiff entladen. Jeder von ihnen hatte Hunderte von Säcken mit Kakao- und Kaffeebohnen aus dem Bauch des Schiffes geschleppt, auf die Eselskarren gewuchtet und die Ladung drüben im Lager gestapelt.

Bereits am Vortag hatte neben dem Schiff ein kleineres angelegt. Am Abend versuchten die Arbeiter zu erraten, was es geladen haben könnte. »Teppiche aus Indien«, behauptete einer, »ich war zufällig in der Nähe, als unser Aufseher mit dem Kapitän gesprochen hat.«

Aber sein Nachbar auf dem Strohlager hatte etwas ganz anderes aufgeschnappt. »Käfige mit Tigern!«, rief er.

Die Männer lachten leise und stellten abenteuerliche Überlegungen an. Plötzlich fragte jemand: »Und was sagst du dazu, Pablo?«

Alle lauschten in Pablos Richtung. Jemand zündete eine Kerze an und leuchtete in den Winkel, in dem Pablo sich gewöhnlich für die Nacht niederlegte.

»Teppiche oder Tiger, Pfeffersäcke oder Seidenballen, das ist doch völlig einerlei.« Pablo saß aufrecht in seiner Ecke. »Ihr scheint zu glauben«, fuhr er fort, »dass durch die Schiffe aus fernen Ländern auch ein wenig Glanz auf euch fällt.« Während er sprach, warf er mit gleichmäßigen Bewegungen seine kleinen Lederbälle in die Höhe. Jonglieren konnte er in der Dunkelheit genauso gut wie bei Tageslicht, es kam auf die Gleichmäßigkeit der Bewegungen an, nicht darauf, dass man den Flug der Bälle mit dem Auge verfolgte. »Den lieben langen Tag«, sagte er, »schleppen wir gewaltige Lasten, und abends sperrt uns der Aufseher in diesen Schuppen. Ob das Schiff aus Indien oder China kommt, ihr werdet euer Lebtag hier im Hafen schuften. Selbst wenn es Gold und Edelsteine geladen hätte, würdet ihr arm wie Kirchenmäuse bleiben.«

»Und du?«, wollten die anderen nun wissen. »Glaubst du etwa, dir wäre ein besseres Schicksal bestimmt?«

Im matten Schein der Kerze ließ Pablo seine Bälle neben sich ins Stroh fallen. »Ich weiß es nicht«, sagte er leise. »Ich bin aufgebrochen, um die Welt kennenzulernen. Und nun sitze ich hier und spüre jeden Tag ein bisschen mehr, wie mich diese

Arbeit abstumpft und allen Mut aus mir heraussaugt.« Er ließ den Kopf hängen.

Die anderen Arbeiter murmelten ihm noch ein paar aufmunternde Worte zu, dann rollte sich einer nach dem anderen für die Nacht zusammen. Bis auf einen, der zu ihm herangekrochen kam, um ihm tröstend den Arm zu tätscheln. »Habenichtse wie wir können nur zwischen ehrlicher Plackerei und einem Gaunerleben wählen«, sagte er. »Deshalb lass dich nicht vom rechten Weg abbringen, mein Junge.«

»Ja, ich weiß«, flüsterte Pablo und fügte im Stillen hinzu, dass er sich aus diesem Leben als menschlicher Lastesel befreien musste, solange er noch die Kraft dafür aufbringen konnte.

Er tastete nach der silbrig schimmernden Metallkugel in seiner Hosentasche, um sich zu vergewissern, dass er sie nicht verloren hatte.

Das neue Schiff hatte weder Tiger noch Schlangen geladen und auch keine Haremsdamen, von denen einer der Arbeiter beim Aufstehen fantasiert hatte. Es stellte sich vielmehr heraus, dass es sich um chinesisches Porzellan handelte. Die Kisten waren so schwer, als ob sie aus Eisen geschmiedet worden wären. Gleichwohl galt es, sie behutsam wie einen Korb voll roher Eier zu tragen, denn chinesisches Porzellan war hauchdünn und konnte bei der geringsten Erschütterung zerbrechen. Das jedenfalls versicherte ihnen der Lageraufseher mit mürrischer Miene.

Eine der Porzellankisten stand geöffnet an Deck. Der Aufseher und zwei Uniformierte von der Zollbehörde beugten sich gerade darüber, als Pablo in den Schiffsbauch hinabstieg. Er schleppte seine Last zum Eselswagen hinab, ließ sie so vorsichtig wie möglich auf den Karren gleiten und hörte im Innern der Kiste ein zartes Klirren.

Als Pablo das Fallreep abermals hochgelaufen kam, stand die aufgestemmte Kiste immer noch da, doch von Aufseher und Zollbeamten keine Spur. Die offene Kiste zog Pablo unwiderstehlich an, denn chinesisches Porzellan hatte er in seinem ganzen Leben noch nie gesehen. Kurz entschlossen trat er neben den Behälter und beugte sich darüber. Die Teller und Tassen waren allesamt in Holzwolle gepackt und in dicke Schichten Seidenpapier gewickelt. Es gab Teller in unterschiedlichen Größen, doch selbst die größten schienen Pablo unwirklich klein. Ohne recht darauf zu achten, was er da tat, wickelte er einen Teller aus dem Seidenpapier und drehte ihn in den Händen hin und her. Etwas Wundervolleres hatte er niemals zuvor gesehen. Das Porzellan war tatsächlich so dünn, dass man das Sonnenlicht hindurchschimmern sah. Mit feinstem Pinsel hatte der Künstler in zartblauen Schattierungen eine fremde Welt auf das Porzellan gemalt.

Erfüllt von dem Wunsch, weitere Szenen aus dieser fremden Welt zu sehen, nahm Pablo einen zweiten Teller heraus, dann noch einen und schließlich einen vierten. Bezaubert wendete er sie hin und her, und da seine Finger vor Erregung ein wenig zitterten, glitt ihm plötzlich eines der kostbaren Stücke aus der Hand. Doch als geübter Jongleur griff Pablo gedankenschnell zu, fing den Teller im Flug auf und warf ihn ebenso unwillkürlich wieder in die Höhe. Er wusste selbst nicht so recht, wie es zugegangen war, aber auf einmal hatte er begonnen, mit den chinesischen Tellern zu jonglieren. Langsam drehte er sich um sich selbst, um nicht von der Sonne geblendet zu werden. Mit gleichmäßigen Bewegungen warf er die Teller empor, um sie in aller Seelenruhe wieder aufzufangen.

»Aufhören, sofort!«, rief da der Aufseher mit gepresster Stimme. »Runter mit den Tellern, aber vorsichtig, ganz vorsichtig, Bursche, sonst ...«

Pablo senkte seinen Blick zu den mindestens fünfzehn Gesichtern, die ihn atemlos beim Jonglieren beobachteten – der Himmel mochte wissen, wie lange schon. Im Halbkreis standen seine Arbeitsgefährten um ihn herum, die Münder halb offen, die Augen noch viel weiter aufgerissen, und in ihren Mienen mischte sich Verblüffung mit Entsetzen. Einige Schritte hinter ihnen stand der Aufseher, die Arme seitlich erhoben, als ob er die beiden Zolloffiziere, die hinter ihm aus der Luke getreten waren, daran hindern wollte, sich auf den Missetäter zu stürzen und ihn auf der Stelle zu verhaften.

Dabei war doch überhaupt nichts Schlimmes passiert. »Ich höre ja schon auf«, sagte Pablo. Ehe der Aufseher aus seiner Starre erwacht war, hatte Pablo die Teller schon wieder in die Seidenpapiere gewickelt und ging auf die Luke zu, als ob nichts geschehen wäre.

»Du treuloser, ehrvergessener Schurke!« Die Stimme des Aufsehers überschlug sich. Er packte Pablo bei den Schultern und schüttelte ihn wie einen Kartoffelsack. »Wie kannst du es wagen, mit diesen Schätzen deine Späße zu treiben! Keine Stunde länger bleibst du in meinen Diensten – verschwinde! Er stieß ihn mit aller Kraft von sich. Pablo torkelte über das Deck und musste an der Reling Halt suchen.

Wortlos und wie betäubt, nickte Pablo seinen Gefährten zu, um dann zum letzten Mal das Fallreep hinunterzusteigen. Wie viele hundert Male war er diesen Weg gegangen, um den nächsten Sack, die nächste Kiste ins Freie zu schleppen. Und nun sollte auf einmal alles von einem Augenblick zum nächsten vorbei sein – nur weil er mit vier Tellern jongliert hatte?

Während er langsam davonging, die Hände in die Hosentaschen steckte und die silberne Kugel ertastete, bekam das

Ereignis in seinem Innern allmählich einen anderen Sinn: Er war schmählich aus den Diensten des Lageraufsehers entlassen worden, und doch war ihm nichts Schlimmes passiert. Im Gegenteil, dachte Pablo, der Aufseher hat dazu beigetragen, mich aus diesem elenden Sklavenleben herauszureißen. Mit eigener Kraft hätte ich mich daraus vielleicht gar nicht befreien können.

Den ganzen restlichen Tag über streunte Pablo durch die Stadt. Die Sonne brannte vom Himmel, die Straßen und Gassen waren erfüllt mit geräuschvollem Leben. Kutschen dröhnten, Pferdehufe klapperten, hinter offenen Türen wurde gehämmert und geklopft, gekocht und geflucht, gesungen und gesägt.

Er war es gar nicht mehr gewohnt, dachte Pablo, in zielloser Freiheit herumzulaufen, tatsächlich war er schon drauf und dran gewesen, sich an das Leben eines Kettensträflings zu gewöhnen. Aber nicht nur die ungewohnte Freiheit und das ihm fremde städtische Treiben verwirrten ihn, sondern er war durch den neuerlichen Umsturz in seinem Leben immer noch völlig aufgewühlt. Im Laufen zog er nun die silberfarbene Kugel aus seiner Hosentasche und besah sie von allen Seiten. Der bärtige Alte, den er damals meinte, in der Kugel gesehen zu haben, hatte sich nie wieder blicken lassen. Auch diesmal schaute ihm aus dem silbrigen Spiegel nur sein eigenes Gesicht entgegen. Ich habe mein Leben wieder in die Hand genommen, dachte Pablo, wie damals, als ich von zu Hause weggegangen bin. »Es kommt darauf an, sein Ziel zu kennen und nicht aus dem Auge zu verlieren, auch wenn man zwischendurch mal ein tiefes Tal durchwandern muss.« Auch diesen Satz hatte er vom Großvater mehr als einmal gehört.

Pablo blieb stehen, als sich vor ihm die Gasse auf einen weiten Platz öffnete. Stundenlang war er kreuz und quer durch die Stadt gelaufen. Jetzt dämmerte schon der Abend, er fühlte sich erschöpft und hungrig. Doch außer der Kugel, seinen Lederbällen, die er immer bei sich hatte, und den paar Lumpen, die er am Leib trug, besaß er nichts auf der Welt. Seine wenigen Habseligkeiten waren im Schuppen zurückgeblieben, doch es schien ihm nicht ratsam, dorthin zurückzugehen.

Müde trottete er weiter und sah sich jetzt aufmerksamer um. Es war ein riesiger Platz, gesäumt von prachtvollen Häusern. In der Mitte plätscherte Wasser aus einem Brunnen, dessen Umfassung gemauert und mit steinernen Fratzen verziert war. Er beugte sich über den Brunnenrand und trank von dem köstlichen, kühlen Wasser, bis auch sein Hungergefühl fürs Erste gestillt war. Dann legte er sich unter einen der Bäume, die den Brunnen beschatteten, schloss die Augen und schlief ein.

## KAPITEL 3

*Das Glück der Bestimmung*

Manche Buden waren richtige Häuschen, andere bestanden nur aus ein paar zusammengenagelten Brettern, aber selbst vor den ärmlicheren Ständen drängten sich die Käufer. Pablo hockte neben dem Baum, unter dem er gestern Abend eingeschlafen war, und rieb sich die Augen. Der riesige Platz hatte sich über Nacht in ein buntes Durcheinander aus Verkaufsbuden, Karren, Last- und Schlachttieren verwandelt. Offenbar war Pablo so erschöpft gewesen, dass er nicht ein einziges Mal aufgewacht war, als Fische und Fleischstücke, Brot- und Käselaibe, Obst und Gemüse auf den Theken gestapelt worden waren. Schließlich war er vom Knurren seines eigenen Magens geweckt worden.

Pablo erhob sich, ging zum Brunnen und hielt seinen Kopf unter den Wasserstrahl. Er hatte schrecklichen Hunger und nach wie vor nicht die kleinste Kupfermünze in der Tasche. Aber ich bin auf dem richtigen Weg, dachte er und schüttelte sich das Wasser aus den Haaren. Er hatte nicht die geringste Ahnung, was er als Nächstes tun sollte, aber er hatte seine Freiheit zurückgewonnen. Alles andere würde sich finden.

Eine Weile lang lief er nun auf dem Markt hin und her und beobachtete das Treiben an den Verkaufsständen. Seine Beine fühlten sich mittlerweile schon ganz zittrig an, so ausgehungert war er, doch es widerstrebte ihm, um einen Happen Brot, ein Stück Fisch oder einen Kanten Käse zu betteln. Lieber wollte er einen Händler fragen, ob er nicht einen tüchtigen Gehilfen brauchen konnte. Endlich gelangte Pablo zu einer Gasse am Rand des Marktes. Hier war so gut wie niemand unterwegs. Kaum hatte Pablo die Gasse betreten, da beugten sich die Händler weit aus ihren Buden heraus, um den möglichen Kunden in Augenschein zu nehmen. Niemand sprach Pablo an, während er zwischen den Verkaufsständen entlangging und seine Blicke nach links und rechts schweifen ließ. Bei einem Stand blieb er schließlich stehen, mehr aus Schwäche als aus Überzeugung. Hinter einem Tisch voll schimmernder Fische standen ein älterer Mann und eine hübsche junge Frau, die ihre schwarzen Haare zu einer Schnecke geflochten trug. Wahrscheinlich waren es Vater und Tochter, und sie schienen keinen weiteren Verkäufer für ihren Fischstand zu benötigen.

»Guten Morgen«, sagte Pablo trotzdem und musste sich an ihrer Bude festhalten, so schwindlig war ihm mit einem Mal. »Habt Ihr vielleicht Arbeit für mich?«, fragte er, weil er nichts anderes zu sagen wusste, aber so einfach am Holzpfahl der Bude stehen bleiben und die beiden hungrig anstarren wollte er auch nicht.

»Arbeit?« Der Händler winkte ab. »Aber hier hast du einen Bissen Fisch.« Er schob ein Stück Bratfisch über die Theke. Pablo griff mit zitternder Hand danach und schlang es hinunter. Niemals hatte ihm eine Speise köstlicher geschmeckt.

»Ich danke Euch von Herzen«, sagte er. »Ihr habt mir zu essen gegeben, und nun gebt mir bitte auch Gelegenheit, es Euch durch Arbeit zu vergelten.«

Der alte Händler strich sich über den eisgrauen Schnauzbart. »Du siehst ja, wie es um uns bestellt ist. Was könntest du denn arbeiten, das für uns nützlich wäre?«

Pablo blickte vom Vater zur Tochter, von den silbrigen Barschen zu den rosaroten Lachsen. Ja, was kann ich eigentlich?, fragte er sich. »Ich kann Fische fangen«, sagte er schließlich. »Früher bin ich jeden Morgen mit dem Boot hinaus aufs Meer gefahren.«

»Und sonst noch?«, fragte der Händler.

Pablo dachte einen Moment lang nach. »Sonst kann ich leider nichts«, sagte er dann. Er wollte sich abwenden, aber das freundliche Lächeln der Händlerstochter ermutigte ihn weiterzusprechen. »Oder doch, eines kann ich«, sagte er, »ich kann ziemlich gut jonglieren. Mit Bällen, Tellern – sogar mit Fischen.« Aber das, fügte er in Gedanken hinzu, hatte ihm immer Ärger eingebracht. Der Vater hatte ihn jedes Mal heftig ausgeschimpft, wenn er ihn beim Jonglieren mit Fischen erwischte.

Die Händlerstochter lächelte ihn immer noch an. Auch ihren Vater schien das seltsame Talent zu erheitern. »Jongleure hab ich schon gesehen. Aber dass jemand mit Fischen jongliert? Lass sehen!«

Während der Händler Pablo einige Fische zum Jonglieren hinschob, spähte er zugleich auf die Gasse hinaus. Auch aus den anderen Buden sah man Köpfe verstohlen hervorlugen.

Pablo aber hatte keinen Blick mehr für seine Umgebung. Er wog die Fische in den Händen, wählte vier Heringe von ungefähr gleicher Größe aus und begann zu jonglieren. Erst warf er zwei Fische in die Luft, dann nahm er einen dritten hinzu, schließlich auch den vierten. Die Schuppen schillerten dabei in allen Regenbogenfarben. Mit einem satten Klatschen fielen die Fische in seine Hände zurück, und mit gleichmäßigen, fast unmerklichen Bewegungen ließ Pablo sie wieder in die Höhe schnellen. Dabei lächelte er der Händlerstochter zu, drehte sich blitzschnell um sich selbst und gab den Fischen schließlich einen leichten Drall, dass sie wie Keulen um ihre eigene Achse rotierten. Schließlich fing er alle vier Heringe wieder auf und überreichte sie mit einer Verbeugung der jungen Frau, die sie mit geröteten Wangen entgegennahm.

Erst jetzt bemerkte Pablo, dass nicht nur der Händler und seine Tochter ihm bei seinen Kunststücken zugesehen hatten. Mehr als ein Dutzend Leute hatten sich um die Bude herum versammelt. Sie applaudierten kräftig, und ihre Gesichter strahlten Freude, ja Begeisterung aus. Plötzlich hatte Pablo eine Idee.

»Hohe Herrschaften«, rief er aus, »gerade eben habe ich einen Fisch von diesem Stand gegessen, und man kann mit diesen Fischen nicht nur hervorragend jonglieren, sie schmecken auch vorzüglich!«

Auf einen Wink hin hatte Pablo wieder zu jonglieren begonnen, und bald schon drängte sich eine große Menschenmenge um den Stand. Die Leute rissen sich die Fische aus den Händen, so schnell konnte die Tochter sie gar nicht einpacken und der Vater nicht die Münzen einstreichen. Pablo führte seine besten Kunststücke vor, wurde dabei immer kühner und warf die Fische so hoch, dass die Zuschauer die Köpfe in den Nacken legen mussten, um dem Flug der schimmernden Pfeile zu folgen.

»Genug«, sagte der Händler endlich, »hör auf, Bursche – wir haben keinen einzigen Fisch mehr.«

Da fing Pablo seine Heringe auf und überreichte sie abermals der Händlerstochter, die ihm mit einem Leuchten in den Augen dankte.

»Morgen wieder«, rief der Händler den Leuten zu, die mit leeren Händen abziehen mussten, denn er hatte bis zum allerletzten Fischkopf alles verkauft. »Du kommst doch morgen wieder?«, fragte er Pablo. »Zuerst habe ich ja geglaubt, dass dein Jonglieren eine nutzlose Spielerei wäre, aber du hast mich wahrhaftig eines Besseren belehrt.«

»Nichts lieber als das«, sagte Pablo. Das war ja wie im Märchen. Er selbst hatte doch auch immer geglaubt, was ihm ständig alle eingetrichtert hatten: dass das Jonglieren nur eine nutzlose Spielerei sei.

»Ich bin Miguel«, sagte der alte Händler. »Und das ist meine Tochter Juanita.« Er reichte Pablo die Hand. »Ich biete dir einen halben Taler für jeden Vormittag, an dem du vor unserem Stand mit Fischen jonglierst.«

Einen halben Taler? Pablo konnte sein Glück kaum fassen. Da hatte er Tag um Tag für den Lageraufseher seinen Rücken krumm gemacht, und jetzt sollte er nur morgens ein paar Stunden lang das vorführen, was er sowieso immer machte, wenn er nichts Besseres zu tun hatte – und für diese Spielerei bot ihm Miguel gleich einen halben Taler? »Ihr könnt auf mich zählen.« Pablo verbeugte sich vor Miguel. »Ich muss mir noch eine Unterkunft besorgen – wisst Ihr nicht eine Herberge, wo man für ein paar Heller unterkommen kann?«

»Wer redet denn von Herberge?«, rief der Fischhändler aus. »Du wohnst natürlich bei uns! Nicht wahr, Juanita?«

Jeden Morgen stand Pablo nun vor der Fischbude am Rand des Marktes, und in dem ungeheuren Gedränge musste er aufpassen, dass ihn die Leute nicht umrannten. Er warf seine Heringe in die Luft, drehte sich um die eigene Achse, fing sie hinter seinem Rücken auf und rief dabei immer: »Fliegende Fische! Fliegende Fische!« Die Leute rissen Miguel und Juanita die Fische nur so aus den Händen.

Jeden Mittag strich Pablo seinen halben Taler ein, dann schlenderte er davon, spazierte durch die Stadt oder kehrte in einem Kaffeehaus ein. Nun konnte er es sich leisten, das köstliche schwarze Gebräu selbst zu trinken, während er vor Kurzem gerade gut genug dafür gewesen war, Säcke mit Kaffee- und Kakaobohnen zu schleppen. Er hatte sich neue Kleidung schneidern lassen, und wenn ihm seine Gefährten aus dem Lagerschuppen in der Stadt begegnet wären, hätten sie ihn nicht wiedererkannt. Noch immer konnte Pablo sein Glück kaum fassen. Hatten ihm nicht alle immer wieder versichert, dass Spaß und Arbeit nicht zusammenpassten? Doch er machte genau das und verdiente in einer Woche mehr Geld, als sein Vater in einem ganzen Jahr zusammenbringen konnte. Ich hätte mich mein Lebtag beim Fischen üben können, dachte er, und hätte es höchstens zur Mittelmäßigkeit gebracht. Als Jongleur aber war er wirklich gut, das zeigte schon der Andrang vor Miguels Bude, der mit jedem Tag größer wurde. Auch die Händler in den benachbarten Buden hatten ihren Vorteil von dieser Entwicklung, denn wer bei Miguel leer ausging, hielt sich bei den Händlern im Umkreis schadlos. Und so kam es, dass die Stände in der Budengasse schon nach kurzer Zeit begehrter waren als die Buden im Zentrum des Marktes. Beinahe täglich hörte Pablo, wie Miguel und Juanita aufgeregt die unglaublichsten Neuigkeiten austauschten: Wie bitte – sogar der mächtige Don León, der reichste Fischhändler der Stadt, bemühte sich, einen Standplatz in ihrer Budengasse zu ergattern? Das war ja unglaublich! Pablo beteiligte sich nur selten an diesen Gesprächen. Aus irgendeinem Grund war ihm sein Erfolg als Fischjongleur nicht recht geheuer.

Aber ich kann nun mal nichts besser, sagte er sich. Und warum ist das so? Warum kann ich mit Fischen besser jonglieren, als sie in Netzen aus dem Wasser zu ziehen? Und warum kann ich besser Teller in die Luft werfen und wieder auffangen, als Kisten voller Geschirr auf meinen Schultern zu schleppen? Weil mir das Jonglieren Spaß macht und die anderen Sachen eben nicht! Warum also nicht einfach das restliche Leben als Jongleur verbringen?, fragte sich Pablo und spürte erneut, dass ihm dieser Gedanke nicht geheuer war. Aber anstatt sich damit weiter herumzuplagen, zog er es vor, nicht darüber nachzudenken.

Fürs Erste hatte Miguel ihm eine schmale Kammer direkt unterm Dach zugewiesen, doch schon nach kurzer Zeit hatte er angedeutet, dass es bei dieser Regelung nicht bleiben müsse.

»Ich bin ein alter Mann«, erklärte er eines Abends seinem jungen Gehilfen, der seinen Geschäften eine so glückliche Wendung gegeben hatte. Er schenkte Pablo und sich selbst von dem guten Rotwein nach, den er sich neuerdings wieder leisten konnte, und prostete ihm zu. »Juanitas Herz ist noch nicht vergeben«, fuhr er fort, »und ich habe längst bemerkt, dass sie dir schöne Augen macht und auch du nicht abgeneigt wärest.«

Pablo wich dem Blick des alten Mannes aus. In seinem Kopf drehte es sich, und das nicht nur wegen des Weines. Er ahnte natürlich, worauf Miguel hinauswollte.

»Meine Familie betreibt Fischhandel in der dritten Generation«, redete unterdessen der Alte weiter. »Wenn du nur willst, kannst du die vierte begründen – ich biete dir hiermit an, mein Teilhaber und Nachfolger zu werden. Und wenn Juanita einverstanden ist – und sie ist es«, fügte er mit einem Lächeln hinzu, »wenn meine Tochter also einwilligt, biete ich dir außerdem an, mein Schwiegersohn zu werden.«

Pablo fühlte sich geehrt, aber auch ein wenig bedrängt. Gewiss, er mochte Juanita, und es schmeichelte ihm, dass sie ihn geradezu anzubeten schien, weil er sie und ihren Vater vor dem Ruin bewahrt hatte. Juanita war eine hübsche junge Frau, und ein paarmal hatten sie beide sich auch schon heimlich abends im Garten getroffen, um ein paar hastige Zärtlichkeiten auszutauschen. Pablo mochte es auch, mit Juanita zu scherzen, denn sie hatte ein flinkes Mundwerk, aber hieß das alles, dass er sie genügend liebte, um sein Leben mit ihr zu verbringen? Wollte er wirklich in die Fußstapfen des alten Miguel treten, war er deshalb aus seinem Heimatdorf aufgebrochen: um nun nicht Fischer wie sein Vater, aber Fischhändler wie sein Schwiegervater zu werden?

»Ich danke Euch für Euer Angebot«, sagte er endlich zu Miguel. »Es ehrt mich sehr, und ich werde Euch für immer dankbar sein, weil Ihr mir etwas zu essen gegeben und mich aufgenommen habt.« Er erhob sich. »Aber seht mir bitte nach, wenn ich mich nicht gleich entscheide – ich muss erst nachdenken, und das kann ich am besten, wenn ich ...«

»... jongliere«, vollendete Miguel den Satz, schenkte sich seinen Becher wieder voll und prostete Pablo mit trunkenem Grinsen zu.

Als Pablo am folgenden Tag zur Mittagsstunde wieder im Kaffeehaus saß und das Treiben auf der Straße beobachtete, setzte sich ein stattlicher Herr zu ihm an den Tisch.

»Du gestattest doch?«

Pablo nickte ihm freundlich zu. Nach den Stunden des Jonglierens im Marktgewühl hätte er lieber seine Ruhe gehabt, aber der stattliche Herr erregte Pablos Neugierde.

»Ich bin Don León«, kam der Herr ohne Umschweife zur Sache. Er winkte einen Kellner herbei, bestellte ein Getränk, von dem Pablo noch nie gehört hatte, und beugte sich dann vertraulich zu ihm herüber. »Es passt mir nicht, dass du mit Fischen jonglierst«, erklärte er freiheraus.

Pablo hob die Schultern und ließ sie langsam wieder sinken. »Was geht es Euch an?«, fragte er.

»Nun, das liegt auf der Hand«, erklärte Don León. »Mir gehören die drei größten Fischstände im Zentrum des Marktes. Wie kann es mir da gefallen, dass neuerdings alle Welt zum äußersten Ende des Marktplatzes läuft, um die Fische von Miguel zu kaufen? Also kurz und gut: Ich will, dass du künftig vor meinen Fischbuden Heringe in die Luft wirfst.«

Pablo konnte ihn nur wortlos ansehen, so verblüfft war er über diese Worte.

»Ich halte eigentlich überhaupt nichts von solchen Gaukelstücken«, fuhr Don León fort. »Wozu soll es gut sein, wenn junge Männer Bälle oder gar Fische in die Luft werfen, anstatt zu arbeiten? Und wenn ich eine Wahl hätte, würde ich diesen Unfug ganz gewiss nicht auch noch fördern.« Don León lehnte sich auf seinem Stuhl zurück. »Aber wie die Dinge nun mal stehen«, schloss er, »habe ich leider keine Wahl. Und deshalb biete ich dir zwei Taler pro Tag, wenn du künftig vor meinen Fischständen am Brunnen jonglierst.«

Pablo war es immer unbehaglicher geworden. Ein Teil von ihm schwelgte in Tagträumen, wie viele Taler er bald schon einstreichen könnte, gleichzeitig aber krampfte sich sein Innerstes bei dem Gedanken zusammen, dass er sein geliebtes Jonglieren in den Dienst eines Mannes stellen sollte, der diese Kunst für unnütz und verachtenswert hielt.

»Euer Angebot ist verlockend«, sagte Pablo. Er atmete tief ein und aus. »Aber ich kann es nicht annehmen.«

»Drei Taler.« Don Léon sah ihn aus zusammengekniffenen Augen an. »Mein letztes Wort.«

»Es geht nicht«, sagte Pablo und schüttelte den Kopf.

Der stattliche Herr schien nun in Zorn zu geraten. »Übertreib's nicht, Bursche!« Seine Finger trommelten auf die Tischplatte. »Die Leute werden sich an deinen Kunststücken bald schon sattgesehen haben – also schmiede das Eisen lieber, solange es noch heiß ist! Miguel kann dir für deine Dienste nicht annähernd so viel bieten wie ich.«

Als der Kellner erschien und Don León ein dampfendes Getränk in bauchigem Glas servierte, drückte ihm Pablo rasch eine Münze in die Hand und wendete sich dann wieder an

Don León. »Ihr habt gewiss recht, mein Herr, und doch kann ich Euer Angebot nicht annehmen.« Er verbeugte sich und eilte davon.

Eigentlich hatte Pablo vorgehabt, geradewegs nach Hause zu laufen, wo Miguel und Juanita bestimmt schon auf ihn warteten. Er musste sich nun endlich erklären. Doch stattdessen ging er immer schneller in die entgegengesetzte Richtung, bis der Marktplatz und das Haus am kleinen Fluss, wo die beiden wohnten, weit hinter ihm lagen.

Nun herrschte in seinem Innern ein noch größeres Durcheinander als vorher schon. Mal machte er sich heftige Vorwürfe, weil er den reichen Fischhändler zurückgewiesen hatte, dann wieder sagte er sich, dass er gar nicht anders hatte handeln können, da Don León das Jonglieren verachtete. Und erwartete ihn unter dem Dach von Miguel und seiner Tochter nicht sehr viel mehr als ein Sack voll Taler? Waren ihm dort nicht Juanitas Liebe und die väterliche Zuneigung von Miguel sicher, der bereit war, ihm alles anzuvertrauen, was er besaß? Aber hatte er sich das gewünscht: Miguels Nachfolger zu werden? Und liebte er Juanita so sehr, dass er sich für immer an sie binden wollte? Und wie war es um ihre Gefühle für ihn bestellt?

So überlegte Pablo hin und her und lief kreuz und quer durch die Stadt, ohne auf seinen Weg zu achten. Als er endlich stehen blieb und sich umsah, fand er sich in der Nähe des Hafens wieder. In einiger Entfernung zeichneten sich die Umrisse eines riesigen Schiffes ab, das sicherlich darauf wartete, entladen zu werden. Bei der Vorstellung, noch weiter in diese Richtung zu gehen, empfand Pablo einen heftigen Widerwillen. Auf keinen Fall wollte er noch einmal dem Aufseher begegnen, der ihn mit Schimpf und Schande überschüttet hatte, weil er mit den chinesischen Tellern jongliert hatte. Aber auch seinen einstigen Kollegen wollte er nicht unter die Augen treten, solange er so wenig mit sich selbst im Reinen war. Also wandte er sich um und ging am Wasser entlang, bis er den Hafen hinter sich gelassen hatte.

Ein schmaler Sandstreifen säumte hier das Meer, übersät mit allerlei Treibgut. Plötzlich stolperte Pablo über ein aufgeschlagenes Buch, kauerte sich davor und versuchte, darin zu lesen. Aber das Papier war vor Nässe aufgequollen, keine Zeile, kein einziges Wort konnte er entziffern. Enttäuscht, als ob er gehofft hätte, ausgerechnet darin eine Antwort auf die quälenden Fragen zu finden, wollte er sich erheben und stockte in der Bewegung. Vor ihm im Sand, halb durch das Buch verdeckt, lag eine silberfarbene Kugel.

Pablo nahm sie in die Hand und stand auf. Im ersten Moment hatte er geglaubt, dass es die Kugel wäre, die er einst aus dem Meer gefischt hatte. Aber das konnte ja überhaupt nicht sein, seine Kugel lag doch in seiner Kammer. Doch diese Kugel sah tatsächlich ganz genauso aus wie die erste. Und während Pablo noch überlegte, wie es möglich war, dass ihm abermals eine solche Kugel in die Hände gespült wurde, begann sein Herz mit einem Mal aufgeregt zu klopfen. Im Innern der Kugel bewegte sich etwas. Unwillkürlich rieb er die Kugel auch diesmal an seinem Hemdsärmel blank. Abermals schienen sich die Nebelfetzen zu einem Gesicht zu formen, aber es war nicht der bärtige Alte aus der ersten Kugel. Dennoch kam ihm der Mensch bekannt vor.

»Nun«, fragte dieser, »hast du erreicht, wovon du geträumt hast?«

Pablo hatte sich auf einen angeschwemmten Baumstamm gehockt. »Eigentlich schon«, sagte er. »Ich wollte mein Heimatdorf hinter mir lassen und etwas von der Welt sehen. Und ich wollte mein Geld mit einer Arbeit verdienen, die mir Spaß macht – beides ist mir geglückt. Ich jongliere und bekomme auch noch Geld dafür.«

»Und das willst du jetzt für den Rest deiner Tage machen? Jeden Morgen vor der Fischbude mit Heringen jonglieren?«

»Ja, warum denn nicht«, antwortete Pablo mit mehr Eifer als mit Überzeugung. »Ich mache ja nichts lieber, und ich wüsste nichts, was ich besser könnte.«

»Und warum hast du dann das Angebot von Don León abgelehnt?«

Verwundert, dass der Alte von alldem überhaupt wusste, sah Pablo ihn prüfend an. »Du erinnerst mich an jemanden«, sagte er. Plötzlich kam es ihm so vor, als ob der Alte die Züge seines verstorbenen Großvaters trüge.

»Wenn du dir nichts Schöneres vorstellen kannst, als dein Leben lang mit Fischen zu jonglieren – warum hast du dann Don Leóns Angebot abgelehnt?«, fragte der Alte jetzt in drängendem Tonfall. »In dessen Diensten bräuchtest du jeden Tag nur ein paar Fische in die Luft zu werfen und würdest auf diese Weise zu einem reichen Mann werden.«

»Aber ich kann doch Miguel und Juanita nicht im Stich lassen«, antwortete Pablo. »Sie haben mich liebevoll bei sich aufgenommen.«

»Aber dann ist doch alles in bester Ordnung.« Das Gesicht in der Kugel verzog sich zu einem gequälten Lächeln. »Du heiratest Juanita, machst deine liebste Beschäftigung zum Beruf und bist am Ziel deiner Träume – oder nicht?«

»Ja, schon«, sagte Pablo. »Oder eigentlich doch nicht«, schob er hinterher und ließ den Kopf hängen. »Das Jonglieren macht mir sehr viel Spaß, aber ob ich wirklich nichts anderes mehr machen will, das glaub ich nicht?« Lange Zeit hatte er nicht mehr daran gedacht, doch mit einem Mal fiel ihm wieder sein Traum ein. Von einem Schiff aus hatte er durch ein Fernrohr einen Landstrich erblickt. Die ganze Bucht wurde von einer gewaltigen Stadt gesäumt, deren fantastische Türme und Kuppeln ihn auch in der Erinnerung verzauberten. Im Schein der aufgehenden Sonne funkelten die Dächer, als ob sie aus purem Gold wären.

»Und hast du diese Stadt schon gefunden?«

Verwundert sah Pablo die Kugel in seiner Hand an. Wie konnte es sein, dass der Mann sogar seine Gedanken kannte? Flüchtig musste er an den alten Pepe denken, der damals angekündigt hatte, dass er ihn in das Geheimnis der fünften Kugel einweihen werde. Aber er war nie wieder erschienen, und schließlich waren es nicht fünf, sondern nur zwei Silberkugeln, die Pablo in die Hände gelangt waren. Allerdings war es schon sonderbar, dass er überhaupt auf zwei völlig gleichartige Kugeln gestoßen war. Auf die letzte Frage gab es jedenfalls nur eine ehrliche Antwort: Nein! So wohl er sich hier in der Hafenstadt gefühlt hatte, es war nicht die goldene Stadt aus seinem Traum. Und da es ihm bestimmt war, diese Stadt zu finden, musste er abermals weiterziehen.

Pablo stand auf, warf einen letzten Blick auf die Silberkugel und steckte sie in seine Hosentasche. Jetzt hatte er endlich die Lösung gefunden, die Entscheidung war gefallen: Er durfte nicht länger bleiben. Auch wenn er den Weg verlassen würde, auf dem er mühelos Erfolge erzielt hatte – es war nicht der ihm bestimmte Weg.

Das Herz wurde ihm schwer bei dem Gedanken, dass er die beiden Menschen, die ihm in dieser Stadt mit so viel Fürsorge und Liebe begegnet waren, hinter sich lassen musste. Aber auf Dauer würde er hier nicht glücklich werden, dachte Pablo, während er am Strand entlang zurückging, durch den Hafen und das Gewirr der Gassen, die ihm im Lauf der Zeit so vertraut geworden waren.

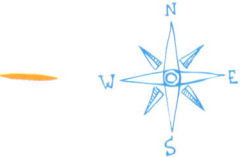

»Wir haben schon alles gehört«, sagte Juanita und strahlte Pablo an. »Ricardo, der Fischhändler vom Nachbarstand, war gerade hier und hat Vater und mir alles erzählt.«

»Was um Himmels willen hat er gesagt?« Gleich fällt Juanita vor mir auf die Knie, dachte Pablo, und das Herz wurde ihm noch schwerer.

»Na, dass Don León dir angeboten hat, für ihn zu arbeiten. Aber du, meinte Ricardo, du hast Nein gesagt!« Sie sah ihn mit verzückter Miene an.

»Woher will Ricardo denn überhaupt wissen, was ich mit Don León besprochen habe?«

»Na ja, er ist zufällig am Kaffeehaus vorbeigekommen, und da hat ihm Manolo, der Kellner, der sein Bruder ist, alles gleich brühwarm erzählt. Ach, Pablo, ich bin ja so glücklich!«

Juanita stand einen halben Schritt vor ihm, mit halb geschlossenen Lidern, und schien darauf zu warten, dass er sie umarmte. Aber sie verstand das alles falsch! Kein Wunder, dachte Pablo, er hatte ja selbst lange genug gebraucht, um sich im Durcheinander der Gefühle zurechtzufinden. Wenn wenigstens Miguel in der Nähe wäre! Doch von dem alten Fischhändler war weit und breit nichts zu sehen.

»Das ist ein Irrtum, Juanita«, sagte er und musste schlucken.

»Ein Irrtum?« Ihre Augen wurden ganz weit, und er sah die Angst in ihrem Gesicht. »Was soll das heißen, Pablo? Gehst du etwa doch zu Don León?«

»Nein, Juanita.« Pablo senkte den Kopf. »Das würde ich euch niemals antun. Und außerdem, Don León verachtet das Jonglieren, wie könnte ich da in seine Dienste treten?«

»Aber dann verstehe ich nicht, warum du …«

»Weil ich nicht bleiben kann, Juanita!« Er zwang sich, ihr in die Augen zu sehen. »Nicht bei euch und schon gar nicht bei Don León! Ich muss weiterziehen«, fügte er sanfter hinzu, als er sah, dass ihre Augen zu schimmern begannen. Das Herz krampfte sich ihm zusammen, aber er musste zu seiner Entscheidung stehen, sonst würden sie alle unglücklich werden. »Schon als kleiner Junge habe ich davon geträumt, in die Welt hinauszugehen und unbekannte Länder zu entdecken. Und bevor ich mein Heimatdorf verlassen habe, träumte ich von einer goldenen Stadt – diese Stadt muss ich suchen, Juanita, ich kann nicht anders.«

Sie stand immer noch dicht vor ihm, doch ihr Gesicht zerfloss jetzt in Tränen. »Aber ich liebe dich doch, Pablo, und ich war so sicher, dass auch du mich liebst!« Ein heftiges Schluchzen zwang sie innezuhalten. Sie schniefte. »Haben wir uns nicht schon ausgemalt, wie wir unsere Kinder aufziehen würden? Wie ich hinter dem Fischstand stehen und Fische verkaufen würde, während du davor mit Heringen jonglierst?«

»Das war dein Traum, Juanita, nicht meiner. Es tut mir so schrecklich leid«, warf Pablo ein.

Juanita sprach einfach weiter, als ob sie hoffte, ihn doch noch umstimmen zu können. »Haben wir uns nicht schon vorgestellt«, schluchzte sie, »wie mir die Kleinen beim Einwickeln der Fische helfen und die Älteren dich anbetteln würden, ihnen beizubringen, wie sie fünf Bälle oder Fische gleichzeitig in der Luft halten können?«

»Vier, nur vier, Juanita.« Auch Pablos Augen brannten jetzt. »Mit mehr als vier Gegenständen kann ich nicht jonglieren – nicht mal in dieser Gaukelkunst bin ich vollkommen.« Er fühlte sich so hilflos, so hartherzig, und doch wusste er, dass er so handeln musste.

»Du bist ein liebes und mutiges Mädchen, Juanita«, sagte er, »ich mag dich wirklich sehr, und ich bin dir und deinem Vater für immer dankbar, weil ihr mir euer Vertrauen geschenkt habt. Aber das ist nicht genug, Juanita.« Er hob die Schultern und ließ sie langsam wieder sinken. Wie sehr er hoffte, dass sie ihn verstehen würde.

Juanita wischte sich über die Augen, und ein nachdenklicher Zug trat in ihr Gesicht, ehe sie weitersprach. »Ich wollte es nicht wahrhaben, aber tief in meinem Innern habe ich es seit Langem gespürt, Pablo: Wir sind wohl nicht füreinander bestimmt. Ich habe dich so sehr in mein Herz geschlossen, dass ich mir einbildete, ohne dich gar nicht mehr leben zu können. Vielleicht habe ich für Liebe gehalten, was sehr viel eher Dankbarkeit war. Doch du hast recht, Pablo: Das ist nicht genug.«

Jetzt lächelten sie sich unter Tränen an, aufgewühlt vom Trennungsschmerz, aber voller Erleichterung, weil sie beide erkannt hatten, dass es die richtige Entscheidung war.

»Genauso verhält es sich für mich auch mit dem Jonglieren«, fuhr Pablo schließlich fort. »Es macht mir großen Spaß, es erfüllt mich mit Freude, und es ist ein befriedigendes Gefühl, wenn man auf diese Weise sogar sein Auskommen finden kann. Aber das ist etwas ganz anderes, als seinen Traum zu verwirklichen. Wir beide würden unglücklich werden, Juanita, wenn wir das eine mit dem anderen verwechseln würden: Dankbarkeit mit Liebe und Spaß mit dem tiefen, grenzenlosen Glück, das man nur finden kann, wenn man seiner Bestimmung folgt.«

Hell und klar sah er die Stadt aus seinem Traum wieder vor sich, und mit jedem Wort fühlte er deutlicher, dass er so und nicht anders handeln musste.

Da ging knarrend die Tür auf, und Miguel trat in die Stube. Er sah von seiner Tochter zu Pablo, und seine Miene zeigte, dass er sofort verstanden hatte, was zwischen den beiden vorgefallen war. Für einen kurzen Moment schien er in sich zusammenzusinken. Doch dann straffte er sich, trat auf Pablo und Juanita zu und legte ihnen die Arme um die Schultern wie zwei trostbedürftigen Kindern. »Pablo will uns verlassen.« Sein Schnauzbart zuckte. »Als ich eure Gesichter gesehen habe, fiel es mir wie Schuppen von den Augen: Es ist Pablo nicht bestimmt, bei uns zu bleiben. Habe ich recht?« Miguel schaute von Juanita, die unter Tränen nickte, zu Pablo, dem bei diesen Worten des alten Händlers das Herz ein wenig leichter geworden war. »Dank deiner Jonglierkünste, Pablo«, fuhr Miguel mit einem Lächeln fort, »brauchen wir uns um unser Auskommen nicht mehr zu sorgen.« Er drückte seine Tochter an sich. »Hast du nicht auch von Anfang an gespürt, dass dieser Kerl mehr kann, als Fische in die Luft zu werfen?«

Da musste auch Juanita lächeln. Sie löste sich aus dem Arm ihres Vaters, wischte sich über die Augen und sah Pablo an. »Sehr viel mehr.«

»Du wirst deine große Liebe finden, Juanita«, sagte Pablo. »Einen Mann, der deiner würdig ist – keinen flatterhaften Heringsjongleur, der ich bis heute scheinbar war.«

Juanita schlang die Arme um seinen Nacken, zog seinen Kopf zu sich herunter und küsste ihn auf die Stirn. »Und du wirst deine goldene Stadt finden und den Beruf, der dich glücklich macht. Ich werde dich nie vergessen, lieber Pablo. Viel Glück auf deinem Weg.«

Auch der alte Fischhändler reichte ihm die Hand zum Abschied, und ehe Pablo sich's versah, stand er auf der Straße, sein Bündel auf dem Rücken, die beiden Silberkugeln in der Hosentasche. Ein letztes Mal winkte er zu dem kleinen Fenster hinauf, dann lief er davon.

# KAPITEL 4

*Von Tiefen und Höhen*

Wie eine Kathedrale ragte die *Santa Cruz* neben der Kaimauer auf. Seit einer halben Stunde lehnte Pablo an der Wand des Schuppens gegenüber, sein Bündel auf dem Rücken, und überlegte fieberhaft, wie er nun weiter vorgehen sollte. Über einen Steg, der unter den Schritten der Träger dröhnte, wurden eisenbeschlagene Kisten an Bord getragen. Pablo erwartete schon, gleich seinen einstigen Gefährten zu begegnen, aber die Gesichter der Arbeiter dort drüben waren ihm allesamt fremd. Oben an Deck liefen Matrosen und Offiziere hin und her, die Segel an den beiden Masten wurden überprüft, Ketten klirrten, Winden quietschten. Offenbar bereiteten sie alles vor, um noch heute den Anker zu lichten. Pablo spürte ganz deutlich, dass es ihm bestimmt war, auf diesem Schiff zu segeln, doch er hatte keine Ahnung, wie er das bewerkstelligen könnte. Sollte er vielleicht behaupten, dass er zur Mannschaft gehörte? Aber das würden ihm die Wächter niemals abnehmen! Also verharrte er weiter, wo er war, und hoffte auf eine schnelle Eingebung.

Vor dem Schiff patrouillierten zwei Matrosen. »Ja, wie lange dauert das denn noch, bis das Zeug an Bord ist?«, fragte einer von ihnen den Aufseher und deutete mit seinem Gewehr auf die Kisten, die neben dem Steg aufgetürmt standen.

»Und wer bist du?«, fuhr der zweite Bewaffnete plötzlich Pablo an. Er zeigte mit seiner Waffe über die Straße. »Ja, dich meine ich! Was hast du dich denn hier herumzudrücken?«

»Ich ... also ich ...«, stotterte Pablo. »Mein Name ist Pablo, ich bin der neue –. « Doch da verließ ihn der Mut.

»Der neue Schiffsjunge? Na, sag das doch gleich«, rief der Matrose ärgerlich aus. »Melde dich beim zweiten Steuermann, der wird dir alles Weitere erklären.«

So kam es, dass Pablo als Schiffsjunge auf der *Santa Cruz* anheuerte, ohne auch nur zu ahnen, wohin das Schiff fahren oder worin die Pflichten eines Schiffsjungen bestehen würden. Aber was spielte das für eine Rolle? Insgeheim dankte er dem Matrosen, der ihn aufgerüttelt hatte, und lief mit langen Schritten den Steg hinauf an Bord.

Der zweite Steuermann war ein dicker Mann mit wildem schwarzem Bart, dessen blaue Uniformjacke sich um seinen Bauch spannte, wenn er tief Luft holte. »Schon mal auf einem Schiff zur See gefahren?«, herrschte er Pablo an.

»Na ja, nur auf der *Olivia,* meinem Fischerboot.«

Mit finsteren Blicken durchbohrte ihn der Steuermann. »Witzbold, was!« Dann tönte er weiter. »Wenn du in die Kapitänskajüte gerufen wirst – achte auf den Totenschädel, in dem der Käpt'n seine Zigarren ausdrückt.«

Pablo schluckte und hoffte, dass das nun tatsächlich ein Witz war.

»Die Pflichten des Schiffsjungen der *Santa Cruz* sind leicht zu beschreiben: alles, was Dreck macht und weder Verstand noch Erfahrung erfordert – Deck schrubben, Rost klopfen, Messing putzen, dem Koch helfen, der Ruderwache und den Matrosen zur Seite stehen. Kurzum: Du hast jedermann an Bord Gehorsam zu leisten. Klar? Verweigerst du einen Befehl, bekommst du Dresche, musst eine Strafe bezahlen oder wirst bei Wasser und Brot eingesperrt.«

Während dieser wenig ermutigenden Rede hatte ihn der zweite Steuermann zu einem Verschlag bei den Laderäumen geführt.

»Hier kannst du dich hinlegen, wenn es einmal nichts für dich zu tun gibt. Wird nicht passieren.« Er lachte veräcbtlich. »Schlafen kannst du, wenn wir in vier Wochen in Santo Domingo vor Anker gehen. Vorausgesetzt, du kannst dir dort überhaupt ein Bett leisten. Deine Heuer beträgt fünf Heller für jeden Tag auf See.«

Pablo musste wieder schlucken, aber er presste die Lippen zusammen und ließ nicht das leiseste Seufzen hören. »Seid unbesorgt, Herr Offizier, ich werde alles so ausführen, dass Ihr und der Herr Kapitän mit mir zufrieden seid. Gestattet mir nur noch eine Frage: Wo liegt Santo Domingo?«

»Auf der Insel Hispaniola.«

»Und wart Ihr schon einmal dort? Ist es eine Stadt mit Türmen und Kuppeln, die in der Sonne funkeln, als ob die ganze Stadt aus purem Gold wäre?«

Da atmete der zweite Steuermann so kräftig ein, dass die Knöpfe an seiner Uniformjacke erzitterten. »Wo denkst du hin?! Santo Domingo ist ein Dreckloch, in dem die reichen Leute in Holzhäusern und die armen in Lehmhütten hausen. Gold? Pah!« Er spuckte aus, packte Pablo am Nacken und stieß ihn vor sich her, die Stufen nach oben und zurück aufs Deck.

In der folgenden Woche verging kein Tag, an dem Pablo nicht mit sich selbst und seiner Entscheidung haderte. Das Schiff pflügte durch die Wellen. Schon wenige Stunden nachdem sie den Hafen verlassen hatten, war ringsum nur noch der unendliche Ozean zu sehen. Der Horizont hob und senkte sich, und anfangs stieg und fiel Pablos Magen im gleichen Rhythmus. Aber bald schon gewöhnte er sich an den Seegang, und seine Zweifel fielen umso heftiger über ihn her. Er lag auf den Knien und schrubbte das Deck, oder er lief mit einem Eimer voll stinkender Paste umher und polierte alles, was auf diesem Schiff aus Messing war, von der endlos langen Reling bis zu den Speichen des Steuerrads. Ich könnte bei Juanita im weichen Ehebett liegen, dachte er, könnte für ein bisschen Jonglieren einen halben Taler täglich verdienen. Stattdessen schufte ich hier für fünf Heller am Tag! Während er in der Kombüse für den Smutje Kartoffeln schälte, dachte er an das Angebot von Don León, das ihm in einem Monat hundert Taler eingebracht hätte, mehr, als er in einem ganzen Leben als Schiffsjunge zusammenkratzen könnte. Und während er sich nachts am Steuerruder neben einem der wortkargen Matrosen immer wieder in die Arme zwickte, um nicht einzuschlafen, stellte sich Pablo manchmal vor, dass er jetzt mit Miguel und Juanita am Tisch in der gemütlichen Stube sitzen könnte.

Über solchen Erinnerungen konnte es dann geschehen, dass Pablo verstohlen seufzte oder sich sogar eine Träne aus dem Augenwinkel wischen musste. Denn wie man es auch drehte und wendete, der Wechsel seiner Lebensverhältnisse bedeutete nicht einfach einen Abstieg, nein, sie bedeuteten einen bodenlosen Sturz. Als Lastenschlepper hatte er zumindest alles hinwerfen und auf und davon rennen können, hier auf dem Schiff aber war er buchstäblich eingesperrt. Doch selbst wenn immer wieder die Zweifel an ihm nagten, verlor Pablo während all dieser Tage und Wochen nie gänzlich die Zuversicht, dass er richtig gehandelt hatte, denn tief in sich drinnen, spürte er, dass es ihm so bestimmt war. Es war ein notwendiger Schritt auf seinem Weg, und je klarer ihm diese Erkenntnis vor Augen stand, desto leichter fiel es ihm, seine derzeitige Situation zu ertragen. Er war nur scheinbar abgestürzt – tatsächlich war er selbst hinab ins tiefe Tal gestiegen, um einen anderen, noch viel höheren Berg zu erklimmen – seinen ureigenen, nur für ihn bestimmten Berg. So wie die *Santa Cruz* immer wieder durch tiefe Wellentäler fuhr, um gleich darauf von einer riesigen Woge nach oben gehoben zu werden. Doch mit dem Unterschied, dass er sich nicht einfach von blinden Gewalten mitreißen ließ, sondern seinen Weg deutlich vor sich sah.

Auch wenn Pablo ständig übermüdet war, zog er es oft vor, an Deck zu bleiben, selbst wenn es ihm einmal großmütig gestattet worden war, für ein paar Stunden in seinem Verschlag zu verschwinden. Denn abends, wenn die Sonne feuerrot im Meer unterging, erschienen zwanzig oder dreißig Delfine und trieben in Sichtweite des Schiffs ihr wundersames Spiel. Sie jagten einander zum Spaß oder überboten sich mit den kühnsten und verrücktesten Sprüngen, und wenn einem von ihnen ein besonders tolles Kunststück gelungen war, schienen ihm seine Gefährten mit lautem Geschnatter zu applaudieren.

Während Pablo also eines Abends bei Sonnenuntergang an der Reling stand und völlig verzaubert den meterhohen Sprüngen der Delfine zusah, war es unvermeidlich, dass er ein paar Holzstücke in die Hand nahm und zu jonglieren begann. Dabei hatte er sich so fest vorgenommen, an Bord der *Santa Cruz* keinerlei Dinge in die Luft zu werfen, keine kleinen Lederbälle und schon gar keine Dörrfische. Denn Pablo wollte lieber nicht herausfinden, ob der Kapitän die Schädelknochen ungehorsamer Schiffsjungen als Aschenbecher für seine Zigarren benutzte. Doch ohne zu bemerken, was er da eigentlich tat, warf er die vier Plankenreste in die Luft, drehte sich blitzschnell um sich selbst, fing zwei von ihnen auf, während die beiden anderen schon wieder in die Luft emporstiegen. Er fühlte sich so leicht, so von Frieden erfüllt wie seit Langem nicht mehr.

»Du Barschkadaver von einem Schiffsjungenaas!«, brüllte da der zweite Steuermann in seinem Rücken. »Das muss der Käpt'n erfahren!«.

Pablo erstarrte. Die Holzstücke prasselten um ihn herum aufs Deck.

Mit weichen Knien schlich Pablo in seinen Verschlag. Der Lageraufseher hatte ihn damals auf der Stelle entlassen, weil er es gewagt hatte, mit Tellern zu jonglieren. Was würde der Kapitän jetzt mit ihm anstellen? Vor Angst konnte er lange nicht einschlafen, doch irgendwann siegte die Erschöpfung.

Im Traum trieb Pablo hilflos im Ozean, er zappelte mit den Beinen, ruderte mit den Armen und war schon kurz davor unterzugehen. Sie durften ihn doch nicht einfach so absaufen lassen! Ein letztes Mal sah er die *Santa Cruz*, schon winzig und verschwommen in der Ferne, dann rollte eine riesige Welle auf ihn zu und riss ihn mit sich. Da geschah etwas Sonderbares: Die Welle verwandelte sich in etwas Festes, Glitschiges. Plötzlich erkannte Pablo, dass er sich an der Rückenflosse eines großen Delfins festhielt. Der zog ihn durchs Wasser und stieß dabei ein ermutigendes Schnattern aus, als ob er ihm zurufen wollte: »Keine Sorge, ich bringe dich an Land!« Und als sich Pablo umsah, schwamm der Delfin tatsächlich auf eine Bucht zu, die im Sonnenlicht funkelte, als ob sie aus purem Gold wäre. Eine Stadt mit fantastischen Türmen und Kuppeln erhob sich dort. Pablo stieß einen Jubelruf aus, so laut, dass er aus dem Schlaf fuhr.

Nichts als schwarze Nacht um ihn herum, sein Herz klopfte wie verrückt. Es war die Stadt, die er immer wieder in seinen Träumen gesehen hatte. Pablo überlegte lange, was der Traum wohl zu bedeuten hatte, und obwohl ihm nichts Gescheites einfallen wollte, fühlte er sich doch getröstet und bestärkt darin, auf dem richtigen Weg zu sein.

Mit neuer Zuversicht kroch er aus seinem Verschlag und blieb auch gelassen, als er aufs Deck trat und der zweite Steuermann ihn sogleich abpasste: »Ab mit dir zum Käpt'n!«

Es war das erste Mal, dass er das Allerheiligste der *Santa Cruz* betrat. Er klopfte an, wartete, bis drinnen ein unwirsches Brummen ertönte, und trat ein. »Schiffsjunge Pablo«, meldete er und bemühte sich um Haltung. Dabei hielt er schon verstohlen Ausschau nach dem Totenschädel. Doch in der behaglich mit Ledersesseln und Kupferstichen eingerichteten Kajüte waren weit und breit keine Knochen oder andere makabre Requisiten zu entdecken.

Der Kapitän stand hinter einem großen Tisch, den eine rissige und vergilbte Seekarte fast vollständig bedeckte. Er war ein Hüne von einem Mann, mit stechend blauen Augen und einem grauen Bart, der ihm bis auf die Brust wallte. In seiner rechten Hand qualmte tatsächlich eine Zigarre, mit deren glühendem Ende er jetzt auf Pablo deutete. »Schon mal eine Seekarte gelesen?«

Pablo verneinte.

»Komm her, Schiffsjunge!« Der Kapitän ließ seine Faust neben sich auf den Tisch krachen. Mit seinem dicken roten Finger deutete er auf einen Punkt im unendlichen Kartenblau. »Hier ist die *Santa Cruz*.« Er schob sich die Zigarre zwischen die Lippen und deutete mit dem rechten Zeigefinger auf einen lang gestreckten grün-braunen Fleck. »Und da ist Santo Domingo.« Nun nahm der Kapitän die Zigarre wieder aus dem Mund und deutete damit abermals auf Pablo. »Du hast den zweiten Steuermann gefragt, ob Santo Domingo eine Stadt mit Türmen und Kuppeln sei, die in der Sonne funkeln, als ob sie aus purem Gold wären. Wie kommst du auf so etwas?«, fragte er harsch.

Pablo brach der Schweiß aus. Der Kapitän durchbohrte ihn mit seinem stechenden Blick und schien drauf und dran zu sein, seine Zigarre mitten in Pablos Gesicht auszudrücken. »Ich ... ich, Herr Kapitän«, stotterte Pablo. »Also ... es war ein Traum!«

»Ein Traum, soso.« Der Kapitän nahm einen Zug aus seiner Zigarre und hustete, um Pablo gleich darauf zu fragen: »Und du kannst jonglieren, wie man mir zugetragen hat?«

Pablo zögerte und nickte dann in Erwartung einer ordentlichen Strafpredigt. Unwillkürlich zog er den Kopf ein, und der Mut sank ihm noch viel tiefer, als er sah, was der Kapitän da aus einer Schublade unter dem Kartentisch hervorholte. Pablo starrte das Ding an – es war tatsächlich ein umgedrehter Totenschädel, in dem der Kapitän nun ungerührt seinen Stumpen versenkte.

»Dann zeig mal, was du kannst.« Der riesige Mann öffnete eine weitere Lade in seinem Kartentisch und holte fünf glänzende schwarze Holzkugeln heraus. Eine neben der anderen legte er sie vor Pablo auf die Seekarte. »Ebenholz«, brummte er. »Ich kenne einen, der kann sie alle fünf gleichzeitig in der Luft halten. Na, worauf wartest du noch?«

Langsam nahm Pablo in jede Hand eine der wunderschönen Kugeln. Sie schmiegten sich in seine Handfläche, und die Bälle hatten genau die richtige Größe zum Jonglieren. Er warf die Kugeln empor, nahm blitzschnell zwei weitere auf und hielt mit jeder Hand zwei der funkelnd schwarzen Holzbälle in der Luft.

»Nun gut, geschickte Hände hast du also«, murrte der Kapitän endlich. »Aber was ist mit dem fünften Ball?« Er deutete auf die Ebenholzkugel, die auf der Seekarte zurückgeblieben war.

Pablo fing die vier Bälle auf und hob bedauernd die Schultern. »Ein Gaukler hat mir vor vielen Jahren das Jonglieren beigebracht.« Er legte die vier Kugeln zurück auf den Kartentisch. »Aber in dem Jahr«, schloss er, »in dem er mir beibringen wollte, mit fünf Kugeln zu jonglieren, habe ich vergeblich auf ihn gewartet – Pepe ist niemals mehr erschienen.«

Der Kapitän nickte versonnen und strich sich den Bart. »Um mit vier Kugeln zu jonglieren, musst du geschickt und aufmerksam sein«, sagte er schließlich. »Aber fünf Kugeln gleichzeitig in der Luft zu halten, das hat etwas von Zauberei. So hat es mir jedenfalls der Mann erklärt, der als einer von ganz wenigen diese Kunst tatsächlich beherrscht. Raul ist jahrelang als mein Schiffszimmermann mit mir um die Welt gefahren, bis er sich auf der Insel Hispaniola niedergelassen hat. In Santo Domingo hat er ein Mädchen kennengelernt, die beiden haben geheiratet und erfreuen sich mittlerweile an einem ganzen Stall voll Kinder. Raul arbeitet immer noch als Zimmermann, seine Holzhäuser werden auf der ganzen Insel geschätzt. In seinen Mußestunden jongliert er wie früher mit Holzkugeln wie diesen hier. Erst letztes Jahr habe ich ihn wieder besucht«, sagte der Kapitän, dessen einschüchternde Brummigkeit sich mehr und mehr zu verlieren schien. »Im Gedenken an die alten Zeiten hat mir Raul diese fünf Ebenholzkugeln geschenkt.«

»Sie sind wunderschön. Und wie geschaffen zum Jonglieren. Man spürt sofort, dass der Mann, der sie hergestellt hat, auch vom Jonglieren viel versteht.«

»Und wie steht es mit dir, Schiffsjunge? Kannst du mit Holz umgehen?« Der Kapitän verschränkte die Arme vor seinem gewaltigen Brustkorb und sah Pablo unter zusammengezogenen Augenbrauen an.

»Ich ... ich ... ja, wieso denn mit Holz?«, stotterte Pablo. Nur weil der frühere Schiffszimmermann auch ein guter Jongleur war, musste das umgekehrt doch nicht auch für ihn gelten.

Unterdessen hatte sich die Miene des Kapitäns verdüstert, sein Blick wanderte an Pablo vorbei. »Ich spüre es in allen Knochen«, murmelte er, »bald kommen wir in schweres Wetter – ausgerechnet bei den Felsen.« Er beugte sich über den Tisch, sein gewaltiger Finger kroch über die Karte wie eine Seeschlange. Schließlich richtete er seinen Blick wieder auf Pablo. »Kurz und gut«, kommandierte er, »du meldest dich gleich morgen früh beim Schiffszimmermann und lässt dich von ihm einweisen, damit du ihm notfalls zur Hand gehen kannst.«

Damit war Pablo entlassen. Er war völlig durcheinander. Erst als er in der kommenden Nacht hoch oben im Ausguck neben dem schweigsamen Matrosen saß, erst da wurde Pablo bewusst, was vorhin in der Kapitänskajüte passiert war: Er war nicht bestraft, sondern zum Gehilfen des Schiffszimmermanns befördert worden. Aber warum nur? Was hatte den Kapitän dazu veranlasst? Dass Pablo von einer goldenen Stadt geträumt hatte oder beim Jonglieren mit Holzresten erwischt worden war, konnte doch wohl kein Grund für diese Entscheidung sein?

# KAPITEL 5

## *Die eigene Wirklichkeit*

Der Schiffszimmermann hieß Diego, und Pablo mochte ihn auf Anhieb. Er war nur wenige Jahre älter als er und so lang und dürr, als ob er selbst aus Holz geschnitzt worden wäre. Sogar seine Haut, auf der ständig ein feiner Film aus Holzmehl lag, erinnerte von fern an Tannenrinde. Auch in der hellen Werkstatt, die von vielerlei Gerüchen nach Holz, Leim und Farbe erfüllt war, fühlte sich Pablo von Anfang an wohl. Diego behandelte ihn auch nicht grob und von oben herab, wie es alle anderen an Bord mit ihm hielten. Wenn er an seiner Werkbank stand und ein Brett zurechtsägte, schien es Pablo, als ob der Zimmermann auf geheimnisvolle Weise mit den Dingen seiner Umgebung verbunden wäre. Niemals schien Diego darüber nachzudenken, wie er eine Aufgabe anzugehen hatte – die Lösung flog ihm wie von selbst zu. Er schien in sich hineinzuhorchen und Hölzer und Hände sich selbst zu überlassen. Die träumerische und doch unfehlbar genaue Art, wie Diego arbeitete, erinnerte Pablo daran, wie er selbst mit Keulen oder Bällen jonglierte, und allmählich begann er zu ahnen, weshalb der Kapitän ihn zum Gehilfen des Schiffszimmermanns berufen hatte.

Diego kannte den Kapitän schon einige Jahre. Er hatte damals auf der Werft eines Schiffsbaumeisters gearbeitet, und der Kapitän war beauftragt worden, dort ein neu gebautes Schiff abzuholen und zu einem Hafen in der Nähe zu bringen. »Der Kapitän und der Schiffsbaumeister hatten sich kaum die Hände geschüttelt«, erklärte Diego, »da stand bereits fest, dass es zwischen den beiden zum Streit kommen würde. Denn der

Werftbesitzer war ein hinterlistiger Mann, der seine Kunden und Arbeiter betrog. Der Kapitän aber war nicht der Mann, der ein solches Spiel mit sich treiben ließ. Er war absichtlich drei Tage vor Fertigstellung des Schiffes auf der Werft erschienen. Vom ersten Augenblick an wich er dem Baumeister und seinen Gehilfen nicht mehr von der Seite. Mit Schiffen kannte er sich so traumwandlerisch aus, als ob Mast und Anker, Ruder und Kiel Teile seines eigenen Körpers wären. Und der Kapitän war der Erste, der den Werftbesitzer tatsächlich des Betruges überführte. Wie du dir vorstellen kannst«, fuhr Diego fort, »tobte der Schiffsbauer vor Wut, aber da war niemand, der mit ihm Mitleid verspürt hätte. Er war der reichste, gleichzeitig aber auch der einsamste Mensch weit und breit.« Diego hielt einen Moment inne, ehe er weitersprach. »Das Traurigste bei alldem aber war, dass der Schiffsbaumeister eigentlich gar nichts von dem Reichtum hatte. Denn er war so geizig, dass ihn jede Münze, die er herausrücken sollte, schmerzte, als ob ihm ein Fingerglied abgehackt worden wäre. Er misstraute allem und jedem und witterte überall Verrat.« Diego fuhr mit dem Hobel über eine Planke. »Aber wer annimmt, dass alle Welt ihn betrügen will, wird für seine Sichtweise genauso viele Beweise finden wie derjenige, der glaubt, alle Welt wollte ihm helfen und ihn fördern.« Er nahm die Planke auf und hielt sie prüfend ins Sonnenlicht. »Wir alle sehen nur, was wir sehen wollen«, fuhr er dann mit sanfter Stimme fort, »und so lebt im Grunde jeder Mensch in seiner eigenen Wirklichkeit. Aber so, wie ich diese Planke mit Hobel und Säge bearbeiten kann, so können wir glücklicherweise auch unsere eigene Sichtweise beeinflussen. Hätte der Schiffsbauer die Größe aufgebracht, sich von der Vorstellung zu befreien, dass jedermann ihn übers Ohr hauen will, dann hätte er vom selben Augenblick an in einer ganz anderen Welt gelebt. Doch für eine solche Wandlung war er wohl schon zu verbittert. Kurz nachdem ihm der Kapitän seine vielen Betrügereien nachgewiesen hatte, wurde er ernstlich krank. Aber das weiß ich nur vom Hörensagen«, beschwichtigte Diego. »Der Kapitän hat mich damals gefragt, ob ich als Schiffszimmermann bei ihm anheuern wollte. Ich habe, ohne zu zögern, zugesagt.« Diego legte das Werkzeug beiseite und sah mit einem Lächeln vor sich hin. »Ich habe es niemals bereut, im Gegenteil«, bekräftigte er. »Der Werftbesitzer ist nicht lange darauf an einem kranken Herzen gestorben. Während ich mit dem Kapitän seitdem schon dreimal um die ganze Welt gefahren bin. Und es ist nur seinen Vorahnungen zu verdanken, dass die *Santa Cruz* unbeschadet oder zumindest ohne zu sinken, einige schreckliche Unwetter überstanden hat.«

Sobald Pablo Diegos Werkstatt betrat oder ihn zu verschiedenen Ausbesserungen auf dem ganzen Schiff begleitete, fühlte er sich beschwingt und glücklich. Nebenher musste er weiterhin viele Arbeiten verrichten, die zu den Pflichten eines Schiffsjungen gehörten. Aber das machte ihm nun kaum mehr etwas aus.

Nach und nach übertrug Diego ihm kleinere Hilfsdienste. Er hieß ihn hier ein paar Nägel einschlagen und dort einige Spanten ausbessern, und Pablo spürte, wie ihm Holz und Werkzeuge langsam vertrauter wurden. Er lernte, die Holzarten anhand ihrer Gerüche zu unterscheiden und aus der Art, wie eine Spante das Sonnenlicht einsaugte oder zurückstrahlte, zu schlussfolgern, ob sie genügend ausgetrocknet war, um als Ersatz für eine schadhafte Rippe im Gerüst des Schiffes zu dienen. »Denn ein Schiff war nichts anderes als ein riesiger Körper, mit einer Haut aus Holz und einem Skelett, das aus starken, biegsamen Hölzern bestand«, klärte Diego ihn auf.

Einmal fragte Pablo den Zimmermann, ob er seinen Vorgänger auf der *Santa Cruz* kennengelernt habe, den Jongleur Raul, der sich auf Hispaniola niedergelassen hatte. Über Diegos Gesicht flog ein Lächeln. »Raul lebt sehr zurückgezogen«, begann er. »Alles dreht sich bei ihm um seine Familie, die Zimmermannskunst und das Jonglieren. Ich hatte die große Ehre, ihn einmal mit dem Kapitän besuchen zu dürfen. Er hat uns nicht nur seine Werkstatt und einige der meisterlichen Holzpaläste gezeigt, die er überall in der Stadt errichtet hat. Eines Abends hat er uns auch eine Kostprobe seiner Jongleurskunst gegeben. Ich bekomme heute noch eine Gänsehaut, wenn ich daran denke.« Diego streifte an seinem Arm entlang. »Stell dir vor, Pablo, er hat mit fünf Ebenholzkugeln jongliert! Damals hatte ich plötzlich das Gefühl, als ob es für mich überhaupt keine Hindernisse mehr gäbe. Ja, als ob ich bis dahin aus vielen verschiedenen Wesen bestanden hätte, die alle in die unterschiedlichsten Richtungen strebten – aber durch den Anblick der fünf Kugeln, die Raul in einem perfekten Bogen durch die Luft wirbeln ließ, fühlte ich mich mit einem Mal in vollkommener Harmonie mit allen Teilen meiner selbst. Erfüllt von Kräften und Gaben, die ich bis dahin höchstens dunkel in mir geahnt hatte.«

Wie wundervoll, dachte Pablo. Hoffentlich wird auch mir einmal die Ehre zuteil, Raul jonglieren zu sehen. Vielleicht würde der frühere Schiffszimmermann ihn sogar als seinen Schüler annehmen und in das Geheimnis der fünften Kugel einweihen. Pablos Herz begann heftiger zu schlagen, denn in wenigen Wochen schon würden sie die Insel Hispaniola erreichen.

Pablo träumte nun jede Nacht, wie er selbst mit Hölzern arbeitete, wie er sie bog und glättete, zersägte, verfugte und verleimte. So vergingen im Nu zwei Wochen, und mit jedem Tag spürte er stärker, wie sehr das Holz und der Zimmermann ihn verzaubert hatten.

Eines Nachts jedoch wurde Pablo auf unsanfte Weise geweckt. Wie von einer Riesenfaust fühlte er sich gepackt und gegen die Backbordwand seines Verschlags geworfen. Der Kopf dröhnte ihm von dem Aufprall, und ehe er sich's versah, neigte sich das Schiff auf die Steuerbordseite, und Pablo wurde gegen die rechte Wand gedrückt. Er legte sich flach auf den Rücken und stützte sich links und rechts mit den Händen ab. Das Schiff stampfte durch die schweren Wetter, die der Kapitän vor mehr als zwei Wochen vorausgesehen hatte. Das Heulen des Sturms klang wie der Schrei eines gierigen Scheusals, und das Schiff antwortete mit einem Seufzen aus tiefster Seele. Erst wurde es von einer Woge turmhoch emporgerissen, um im nächsten Moment hinabzustürzen in ein abgrundtiefes Wellental.

Vorsichtig kroch Pablo aus dem Verschlag heraus. Stockdunkel war es im Bauch des Schiffes. Mit bebender Hand tastete sich Pablo an der Wand entlang und war noch nicht bei der Leiter, die zum Deck hinaufführte, als vom Bug her ein fürchterliches Knirschen erklang. Im gleichen Moment erhielt das Schiff einen Stoß, so gewaltig, als ob es von einer Kanonenkugel getroffen worden wäre. Pablo wurde vornüber auf die Treppe geschleudert, nur mit Müh und Not konnte er sich abfangen. Er tastete sich über Brust, Arme und Beine, doch außer ein paar Abschürfungen hatte er sich wohl nichts getan. Oben auf dem Deck schrien jetzt alle wild durcheinander, und plötzlich hörte er den zweiten Steuermann brüllen: »Ein Leck am Bug! Alle Mann nach Steuerbord – Wasser schöpfen!«

Als Gehilfe des Zimmermanns hatte Pablo in den zurückliegenden Wochen nahezu jeden Winkel der *Santa Cruz* kennengelernt. Aus dem wilden Durcheinander der Kommandos und Hilferufe konnte er sich mittlerweile zusammenreimen, wo das Wasser in den Schiffsrumpf eingebrochen war. Er kroch auf der Leiter wieder nach unten, lief im stockdunklen Schiffsbauch durch die Gänge und sammelte unterwegs alles an Gefäßen auf, was ihm zum Schöpfen geeignet schien. Im Laufen wurde er immer wieder gegen die Wände geschleudert und rappelte sich wieder auf. Dabei sah er den schmalen Stauraum schon vor sich, das Wasser, das durch das Loch hereinströmen musste, vorne rechts an der Nase des Schiffes. Pablo kam tatsächlich als einer der Ersten bei der Leckstelle an. Als er sah, wie schwer der Schaden war, stockte ihm der Atem. Offenbar hatte der Sturm die *Santa Cruz* gegen ein Riff geworfen. Der messerscharfe Fels hatte ein großes Leck in den Schiffsrumpf gerissen.

Die herbeistürmenden Matrosen rissen Pablo Eimer und Schüsseln aus den Händen, denn das Wasser schwappte bereits knöcheltief im Laderaum. Der zweite Steuermann brüllte seine Kommandos, und ein halbes Dutzend weiterer Matrosen kam mit Sandsäcken herbeigewankt, um die Fluten einzudämmen. Aber es waren jämmerliche Verteidigungsversuche, das erkannten alle. Sie mussten das Leck schließen, so schnell wie möglich, aber das ließ sich von hier drinnen nicht bewerkstelligen, hatte ihm Diego erst vor ein paar Tagen erklärt. »An die Haut kommst du nur von außen heran, das ist bei Schiffen wie bei Menschen.« Aber solange der Sturm tobte, konnte sich niemand dort hinauswagen.

Das Wasser stieg und stieg. Irgendwann reichte es Pablo bis über die Knie, und als er das nächste Mal darauf achtete, stand es ihm schon bis zum Gürtel. Sie würden den Kampf verlieren, wenn die Wut des Windes nicht endlich ersterben, sich die schäumenden Wogen nicht endlich glätten würden. Pablo schöpfte und schöpfte, schluckte Wasser, hustete und spuckte, und endlich, endlich dämmerte der Morgen. Kaum war die

Sonne zur Gänze in den bleigrauen Himmel gestiegen, da ließ der Sturm nach.

Niemals in seinem Leben war Pablo erschöpfter gewesen. Hinlegen, schlafen, an nichts anderes mochte er mehr denken, und so dauerte es einige Augenblicke, bis Diegos Worte zu ihm durchgedrungen waren.

»Hast du dir den Himmel angesehen? In spätestens zwei Stunden ist das nächste Unwetter da.«

Zwei Stunden Schlaf, dachte Pablo, mehr verlange ich ja nicht.

»Bis dahin«, fuhr Diego fort, »muss ich das Leck von außen geschlossen haben. Und ich will, dass du mir dabei hilfst.«

Ehe Pablo Widerrede leisten konnte, wurde er schon mit Diego auf einer schmalen Plattform an der Außenhaut der *Santa Cruz* hinabgelassen. Die Planken und Spanten, mit denen sie das Leck schließen wollten, boten ihnen kaum genügend Platz zum Stehen. Das Meer war immer noch aufgewühlt, und Pablo klammerte sich mit zitternden Knien an den Seilen fest. Wenn man hier draußen an der Außenwand des Schiffes klebte, zehn Meter über dem Wasserspiegel, konnte einem jede Lust auf abenteuerliche Reisen für immer vergehen.

Die Matrosen über ihnen ließen sie an den Flaschenzügen weiter hinab, bis ihre Plattform vor dem riesigen Leck an der Steuerbordseite schwebte. Diego warf einen zweifelnden Blick zum Himmel empor, wo sich schwarze Wolken ballten. Sie mussten sich beeilen, sonst würde der Sturm sie mitsamt ihren Brettern in alle Himmelsrichtungen blasen.

Diego beugte sich vor, um eine angebrochene Spante aus dem Gewirr zersplitterter Planken hervorzuziehen, als ihn blitzartig und mit ungeheurer Wucht das gelockerte Holzstück an der Schläfe traf. Geistesgegenwärtig hatte Pablo ihn beim Gürtel gepackt und so gelenkt, dass er auf der engen Plattform zum Liegen kam, sonst wäre Diego unweigerlich ins

Meer gestürzt. Seine Augen waren geschlossen, unter seinen Haaren quoll Blut hervor. Pablo rüttelte ihn an der Schulter, aber der Zimmermann regte sich nicht. Seine Brust hob und senkte sich, er war am Leben, Gott sei Dank!

»Was ist da unten los, zum Henker?« Pablo musste den Kopf weit zurücklegen, um an der Schiffswand bis hinauf zur Reling zu sehen, über die sich aufgeregte Gesichter beugten. »Beeilt euch, verflucht, gleich ist da draußen wieder die Hölle los!«

»Diego, bitte, du musst zu dir kommen!« Er rüttelte den Zimmermann stärker, doch Diego lag wie ein Stück totes Holz auf der Plattform.

Da fasste Pablo einen Entschluss. Langsam richtete er sich auf. Das Herz schlug ihm bis in den Hals. Aber das würde sich geben, so, wie er auch beim Jonglieren immer ganz ruhig wurde, wenn es ihm nur gelang, seinen Geist von allen Sorgen und Gedanken zu befreien. Schwankend stand er auf der Plattform, über ihm schrien die Matrosen und Offiziere unverständliche Kommandos, aber Pablo achtete schon nicht mehr auf sie. Er konzentrierte sich, schaute auf die Planken, Spanten und Werkzeuge hinunter, die neben dem bewusstlosen Diego lagen. Und plötzlich sah er ganz genau vor sich, was als Nächstes zu tun war. Seine Hände bewegten sich nun wie von selbst, verankerten und hämmerten, nahmen schon das nächste Holzstück, und während er mit fließenden Bewegungen arbeitete, sah er zur selben Zeit die Delfine vor sich, wie sie unter ihm aus den Fluten schnellten und ins Meer zurücktauchten. Er hörte ihr ermutigendes Schnattern, als ob sie ihn anfeuern wollten: »Pablo, du schaffst das!« Die erste Planke hatte er bereits in das Loch eingefügt, sie passte perfekt, obwohl er sie nach Augenschein zugesägt hatte. Pablo bückte sich und nahm die nächste Planke, warf sie in die Luft, als ob er mit ihr jonglieren wollte, fing sie wieder auf und setzte sie in das Leck ein. Er sägte und hämmerte, setzte die dritte und die vierte Planke ein. Dabei achtete er weder auf die Schreie der Schiffsmannschaft noch auf das Stampfen des Schiffes, nicht einmal auf die immer höher sich auftürmenden Wogen, deren Schaumkronen bereits wieder bis hinauf zu seiner Plattform spritzten. Pablo bückte sich und ergriff die fünfte Planke. Mit einem glücklichen Lächeln warf er das fünfte Holzstück empor, fing es auf und wusste, dass es ihm diesmal gelingen würde, mit mehr als vier Dingen zu jonglieren. Auch sie passte perfekt. Wo eben noch das Leck geklafft hatte, saßen nun fünf nagelneue Planken. Als er nun nach unten in den schäumenden Abgrund schaute, war von Delfinen weit und breit nichts zu sehen. Pablo staunte nicht schlecht, hatte er doch die ganze Zeit über die kraftvollen Tiere in seiner Nähe gespürt. Und während er sich noch wunderte, wurde er auch schon mit dem immer noch ohnmächtigen Diego nach oben gezogen.

Es war der Morgen des nächsten Tages, der Morgen nach dem zweiten großen Sturm – wie durch ein Wunder waren sie auf kein weiteres Riff geprallt, und ebenso verwunderlich schien ihnen allen, dass auch die Spanten und Planken, die der Schiffsjunge Pablo gewiss nur stümperhaft in das Leck eingeflickt haben konnte, dem unaufhörlichen Anprall der Fluten standgehalten hatten.

Der Kapitän stand mit Pablo auf der Brücke und schlug ihm mit der flachen Hand krachend auf die Schulter. Er nahm seine Zigarre aus dem Mund und deutete auf die Bucht, die dort drüben im Schein der aufgehenden Sonne funkelte. Eine wunderschöne Stadt erhob sich dort, mit fantastischen Türmen,

Kuppeln und Zinnen. Es war die Stadt aus seinem Traum, zumindest kam es Pablo so vor. Mit offenem Mund stand er da, verblüfft und gleichzeitig glücklich.

»Puerto Nuevo«, sagte der Kapitän und stieß eine gewaltige Qualmwolke aus. »Ich bin noch nie dort gewesen, aber ich habe schon oft gehört, dass die Stadt bei Sonnenaufgang aussehen soll, als ob sie ganz aus Gold wäre.«

»Es ist die Stadt aus meinem Traum«, sagte Pablo leise und sah erst den Kapitän zu seiner Linken, dann Diego an, der zu seiner Rechten auf einer Pritsche lag, den Kopf dick bandagiert und immer noch ohne Bewusstsein.

»Du Barschkadaver von einem Schiffsjungenaas!«, donnerte hinter Pablo der zweite Steuermann. »Ohne dich wären wir alle wie die Ratten abgesoffen!« Er stürmte heran, die Schöße seiner mittlerweile knopflosen Uniformjacke wehten im Morgenwind. Seine Rechte krachte auf Pablos Rücken, sodass er fast kopfüber hinab ins Meer geflogen wäre.

Verstohlen rieb sich Pablo Rücken und Schulter. »Und ohne euch alle«, sagte er, »hätte ich niemals hierhergefunden.«

Sie liefen in den Hafen von Puerto Nuevo ein, wo der Kapitän sich sogleich nach der besten Werft erkundigte. Man verwies ihn an Don Pedro, den besten Schiffsbauer in der ganzen Gegend.

Noch am selben Morgen brachten sie die *Santa Cruz* in die Werft. Nachdem es sie schon hierherverschlagen hatte, wollte der Kapitän das Schiff gründlich überprüfen und alles instand setzen lassen, was von den Naturgewalten zerrüttet worden war. »Und vor allem, Don Pedro«, setzte er hinzu und deutete mit der glühenden Zigarre auf den Werftbesitzer, »muss natürlich das Leck, das auf hoher See nur notdürftig geflickt werden konnte, endlich einmal fachmännisch geschlossen werden. Vorher fahre ich auf keinen Fall weiter nach Santo Domingo, auch wenn sie uns dort schon händeringend erwarten.«

Don Pedro war ein hochgewachsener Mann in fortgeschrittenen Jahren, mit einem freundlichen Lächeln, das Pablo sofort für ihn eingenommen hatte. Bangen Herzens schlich er hinter den beiden Herren her, die das unterdessen aufgedockte Schiff umkreisten, um die Schäden zu begutachten.

»Diese Flickstelle meint Ihr, Kapitän?« Don Pedro beugte sich auf dem Gerüst, das er soeben bestiegen hatte, nach vorn, klopfte auf die Planken, die Pablo angebracht hatte, beugte sich noch weiter vor, kratzte mit dem Fingernagel auf dem Holz herum und nickte anerkennend mit dem Kopf. »Ihr habt einen tüchtigen Schiffszimmermann, Kapitän. Und ich wäre ein allzu gerissener Kaufmann, wollte ich Euch überreden, diese Planken erneuern zu lassen. Auch meine besten Leute könnten diese Arbeit nicht vollkommener ausführen.«

Pablo spitzte die Ohren und legte den Kopf so weit wie möglich in den Nacken, damit ihm dort oben nichts entging.

»Mein Schiffszimmermann?« Der Kapitän nahm seine Zigarre aus dem Mund. »Mein braver Diego liegt im Spital bei Eurem Medicus, der ihn hoffentlich schnell und gründlich wiederherstellen kann.« Nun deutete er mit der glühenden Zigarre in Richtung der Stadt. »Nein, Don Pedro, schon als es darum ging, unter widrigsten Bedingungen das Leck zu schließen und die *Santa Cruz* vor dem Untergang zu bewahren, war mein Zimmermann ohne Bewusstsein.«

Der Schiffsbauer klopfte noch einmal auf der Flickstelle herum und schüttelte diesmal den Kopf, als könnte er überhaupt nicht glauben, was er da zu hören bekam. »Aber das grenzt ja an ein Wunder!«, rief er aus. »Wer hat denn dieses Meisterstück ausgeführt? Glaubt mir, ich selbst hätte diese Planken nicht perfekter einpassen können!«

»Es war Pablo, mein Schiffsjunge«, sagte der Kapitän und strich sich den Bart. »Ich ahnte schon, dass es mit dem Burschen etwas Besonderes auf sich haben muss.«

»Den Teufelskerl will ich sehen«, sagte Don Pedro. »Er scheint ja zwei goldene Hände zu haben und für den Schiffsbau wie geschaffen zu sein. Wenn er will und Ihr ihn hergebt, Kapitän, darf er bei mir in die Lehre gehen – bei niemandem auf der Welt kann er mehr über unsere Kunst lernen als bei mir.«

»Nun lobt ihn mal nicht über den grünen Klee, bevor Ihr ihn überhaupt kennengelernt habt«, brummte der Kapitän. »Der Bursche hat etwas Flatterhaftes. Wenn er ein Stück Holz in die Hand nimmt, könnt Ihr niemals sicher sein, ob er es in die Luft wirft oder dort einsetzt, wo es nach Recht und Gesetz auch hingehört.«

# KAPITEL 6

## *Äußere Hindernisse und innere Grenzen*

Don Pedros Werft war die größte und angesehenste im ganzen Land. Aus aller Herren Länder kamen die Reeder in sein behaglich eingerichtetes Kontor, um ihn mit dem Bau einer Karacke oder eines Kraweels zu beauftragen. Er ließ es sich nicht nehmen, die Konstruktionszeichnung jedes Schiffes, das auf seiner Werft gebaut wurde, persönlich auszuführen und den Bau aller Schiffe von der Auswahl der Hölzer bis zum Stapellauf mit eigenen Augen zu überwachen. Wer bei ihm ein neues Schiff bestellte, konnte sicher sein, dass er notfalls noch immer selbst mit Hand anlegte.

Als Lehrling auf Don Pedros Werft war Pablo so glücklich wie niemals zuvor in seinem Leben. Schon wenn er morgens aufwachte und den Duft der Hölzer roch, hätte er singen und jauchzen mögen und konnte es kaum erwarten, bis er endlich wieder draußen an der Strandwerft war, wo nebeneinander zwei Karacken und ein schlankes Kraweel-Schiff entstanden. Seit drei Monaten war er nun in Don Pedros Diensten. Von morgens bis abends bestürmte er den alten Schiffsbauer und jeden Zimmermann mit unzähligen Fragen nach den Geheimnissen des Schiffsbaus. Dieses ehrwürdige Handwerk erschien ihm mehr und mehr wie die großartigste Kunst auf dieser Welt.

Die Schlafkammer in einem Nebengebäude der Werftanlage teilte sich Pablo mit einem Lehrling namens José, der bereits im zweiten Lehrjahr war, aber Pablo war ihm bald schon in allem weit voraus. José sollte Schiffszimmermann werden wie sein Vater, der ebenfalls auf der Werft arbeitete, und der

Bursche besaß auch einige Eigenschaften, die einem Zimmermann gut zu Gesicht standen. Aber wenn Pablo ihn fragte, weshalb er sich entschlossen habe, gerade diesen Beruf zu erlernen, schaute José ihn nur mit großen Augen an, zuckte mit den Schultern und sagte: »Na, was weiß ich denn!«

An einem seiner ersten Tage als Schiffsbauerlehrling war Pablo noch vor der Morgendämmerung erwacht. Im Bett neben sich hatte er die gleichmäßigen Atemzüge seines Kameraden gehört. »He, José, wach auf!«, hatte Pablo geflüstert. »Welches Holz würdest du für den Rumpf eines Kraweels nehmen, wenn du es entscheiden dürftest – Teak oder Zeder?«

José war aus dem Schlaf gefahren und hatte ihn schlaftrunken angesehen. »Du spinnst doch, Pablo! Es ist mitten in der Nacht! «

Wenn José aber einmal wach und bei der Arbeit war, konnte man gut mit ihm auskommen. Zusammen trugen die beiden Lehrjungen gewaltige Holzmengen von den Lagerschuppen hinaus zum Strand, wo die Schiffsgerippe wie Skelette riesiger Tiere nebeneinander aufgedockt lagen. Aber während sich Pablo früher immer über die stumpfsinnige Lastenschlepperei geärgert hatte, machte sie ihm jetzt sogar Spaß. Denn während er einen Stapel Eichenspanten schulterte, überlegte er sich schon, wie er diese Hölzer bearbeiten und einsetzen würde, wenn er endlich so weit war, ein eigenes Schiff zu bauen. »Wenn es dein Ziel ist, einen Turm zu bauen«, hatte der Großvater einmal zu ihm gesagt, »dann denk daran, je höher er werden soll, desto tiefer muss das Fundament in die Erde gegraben werden. Das kann schwierig sein und lange dauern«, betonte er. »Aber wenn dir das klar ist, meine Junge, wenn du weißt, warum du etwas tust, und wenn du es mit Liebe tust, dann kannst du auf dem Weg dorthin jedes Hindernis bewältigen«, hatte er seine Aussage bekräftigt. Erst jetzt verstand Pablo den tieferen Sinn dieser Bemerkung. Doch bis Don Pedro ihm gestatten würde,

mehr als nur einfache Hilfsarbeiten zu verrichten, bis er Konstruktionsskizzen nicht nur zur Übung zeichnen oder eine seiner vielen Ideen an einem wirklichen Schiff erproben dürfte,
würde er noch viele Monate lernen müssen. Deshalb spornte
er sich selbst von morgens bis abends an. Und egal, ob Pablo
gerade Bretter zersägte oder Don Pedro bei der Anfertigung
komplizierter Konstruktionsskizzen über die Schulter schaute,
er hatte immer das Gefühl, an einem großartigen Prozess teil-
zuhaben, aus dem schwimmende Wunderwerke hervorgingen.
Kein Wunder, dass er es kaum erwarten konnte, diesen Prozess eines Tages in seiner Gesamtheit zu durchschauen und
alle Fäden selbst in der Hand zu halten.

Pablo war seit gut einem Jahr bei Don Pedro, da erhielten José
und er den Auftrag, einige hundert Eschenspanten mit dem
Hobel zu bearbeiten, bis die Kanten und Enden so glatt und
ebenmäßig waren wie polierter Marmor. Es war eine eintönige
Arbeit, und José machte sich mit dem gewohnten Gleichmut
über den Stapel her. Ein Holzstück nach dem anderen legte er
sich zurecht, fuhr mit dem Hobel darüber, pfiff ein Liedchen
dazu und schien mit seinen Gedanken weit weg zu sein.

Pablo dagegen schielte mit einem Auge ständig zur halb
fertigen Karacke hinüber, in deren Heck die Spanten eingefügt werden sollten. Er stellte sich vor, dass man auch Schiffe von ganz anderen Grundformen bauen könnte. Wie Don
Pedro ihm erklärt hatte, wiesen heutige Schiffe allesamt die
Form eines Fischkörpers auf. Der Bug ähnelte dem Kopf eines
ins Riesenhafte vergrößerten Dorschs, das Heck dagegen dem
Schwanz einer gigantischen Makrele. Aber das musste nicht

zwangsläufig so sein, dachte Pedro, während er eifrig hobelte und dabei immer wieder zum Gerippe der Karacke spähte. Schließlich wimmelte das Meer ja auch von Fischen und anderen Wassertieren in unterschiedlichsten Formen und Größen. Warum sollte es da bei den Schiffen nur einige wenige Grundformen geben?

Wann immer er etwas Zeit hatte, lief Pablo von der Werft hinüber zum nahen Hafen und schaute sich die Schiffe an, die dort anlegten oder die Segel setzten. Ständig hatte er jetzt eine Kladde dabei, in die er seine Gedanken und Skizzen eintrug. Anfangs hatte er ein wenig Heimweh nach der *Santa Cruz* verspürt, vor allem nach Diego, der glücklicherweise nach ein paar Tagen im Spital wieder zu sich gekommen war. Als sie wieder in See gestochen war, hatte sich Pablo nicht nur von Diego, sondern auch vom Kapitän mit Tränen in den Augen verabschiedet. Niemals würde er nun den meisterlichen Jongleur Raul kennenlernen, niemals würde der ihm das Geheimnis der fünften Kugel offenbaren.

Aber schon nach wenigen Tagen auf der Werft waren Pablos Erinnerungen an seine Zeit als Schiffsjunge vom überwältigenden Zauber des Schiffsbaus überlagert worden. Und mittlerweile konnte er von nichts anderem mehr reden als von Schiffstypen, ihren Vorzügen und Nachteilen, von Hölzern, Kielen und Beplankungstechniken. Die Zimmerleute auf der Werft hatten sich angewöhnt, auf seine Ratschläge zu hören, auch wenn er nur ein Lehrjunge war. Denn Pablo hatte zwar wenig Erfahrung, aber oftmals überraschend gute Ideen. Immer häufiger kam es vor, dass man ihn um seine Meinung fragte, wenn es galt, einen Mast oder einen Kiel einzusetzen. Auch zu der Frage, ob ein Schiff mit zwei oder doch besser mit drei Dutzend Bronzekanonen bestückt werden sollte, hatte er eine entschiedene Meinung. Die Plage der Piraterie drohte die freie Schifffahrt mehr und mehr zu lähmen, und auch Don Pedro saß oft Tage über seinen Konstruktionsskizzen und überlegte, wo sich in den Aufbauten Kanonen unterbringen und wo sich in den Laderäumen Arkebusen für Offiziere und Mannschaft lagern ließen.

Pablo hatte seine Bestimmung gefunden, das spürte er ganz deutlich. Seine Lebensaufgabe bestand darin, Schiffe zu bauen, die über die Weltmeere fahren würden, schneller, sicherer und wendiger als alle Schiffe, die jemals gebaut worden waren. Seine Aufgabe bestand nicht darin, selbst über die Meere zu fahren, das wusste er, seit er mit der *Santa Cruz* beinahe untergegangen war.

Erst letzte Nacht hatte er von einem Schiff geträumt, das wie ein riesiger Delfin aussah, und dieses Bild beschäftigte ihn auch jetzt, während er eine Spante nach der anderen zur Hand nahm und mit dem Hobel bearbeitete. Ein Schiff mit einem Bug, der so spitz wie eine Delfinnase war, wie würde sich das wohl im Wasser verhalten? Wäre es leicht zu manövrieren? Würde es schweren Wettern standhalten? Pablo war so sehr in seine Arbeit und seine Gedanken vertieft, dass er die beiden Männer erst bemerkte, als sie schon zwischen ihm und José standen. Pablo blickte auf, es waren Don Pedro und ein fremder Herr, den er noch niemals auf der Werft gesehen hatte.

»Nun, ihr Burschen, was arbeitet ihr denn gerade?«

»Na, wir hobeln Planken«, sagte José mit hochgezogenen Brauen.

»Wir bauen ein Schiff«, antwortete Pablo gleichzeitig und deutete zu dem Gerippe hinüber. »Die Spanten sind für das Heck der Karacke dort drüben, und ich könnte mir denken … Don Pedro, wenn Ihr mir rasch eine Frage gestattet?«

Der Schiffsbaumeister nickte Pablo mit einem Lächeln zu. Dabei blickte er den fremden Herrn auf eine Weise an, als ob er sagen wollte: Na, seht Ihr? Dann wandte er sich wieder seinem Lehrling zu. »Also, Pablo?«

»Ich habe mich gefragt, ob es nicht möglich wäre, ein Schiff zu bauen, dessen Bug einer Delfinschnauze ähnelt.« Mit einem Holzstück malte er geschwind die Umrisse des Schiffs ins Sägemehl. »Ein solches Schiff wäre sehr viel wendiger als die Karacke dort drüben mit ihrem klobigen Bug.«

»Ein interessanter Gedanke«, murmelte Don Pedro. Er beugte sich über Pablos Skizze und strich sich mit einer Hand übers Kinn.

»Aber dein Schiff wäre den Fluten hilflos ausgeliefert«, mischte sich der Unbekannte ein. »Ein einziger Brecher von vorne, und dein großartiger Delfinbug würde abbrechen wie ein Marzipanschnörkel von der Hochzeitstorte.« Er zwinkerte Pablo onkelhaft zu. »Mit solchen Träumereien wirst du es als Schiffsbauer nicht weit bringen, mein Junge. Nimm dir lieber ein Beispiel an Don Pedro – sein Ruf gründet sich darauf, dass er das Bewährte beharrlich vervollkommnet hat.«

Auf diese Zurechtweisung antwortete Pablo nichts, sondern wunderte sich nur über den Herrn, der sich erdreistete, auf Don Pedros Werft solche Reden zu schwingen. Als die beiden Herren weitergingen, blickte Pablo wieder auf und bemerkte eben noch, wie Don Pedro ihm aufmunternd zunickte, so als ob er sagen wollte: Nimm's dir nicht zu Herzen.

»Wenn auf Eurer Werft schon über Neuerungen gegrübelt wird, Don Pedro«, hörte Pablo den Besucher sagen, »dann solltet Ihr lieber über das Problem der Kanonen nachdenken: Wie zum Henker kann es uns gelingen, eine durchschnittliche Karacke mit mehr als den dreißig oder vierzig Kanonen zu bestücken, die wir derzeit allenfalls auf dem Oberdeck unterbringen können?«

»Noch ein wenig Geduld, Don Rodrigo, ich denke ja schon Tag und Nacht darüber nach.«

»Stellt Euch vor, Don Pedro, wir könnten fünfzig Kanonen an Bord verstauen – dann würden sich uns Meere und Seestraßen eröffnen, die für uns wegen der Piratenplage völlig unzugänglich sind. Dann könnten wir Häfen erreichen, die noch niemals zuvor von einem Schiff unserer Handelskompanie angesteuert worden sind.«

»Die Vorteile liegen auf der Hand, Don Rodrigo. Der Schiffsbauer, der hierfür eine Lösung fände, könnte sich vor Aufträgen nicht mehr retten. Aber die Probleme scheinen eben fürs Erste unlösbar«, hörte Pablo den Schiffsbaumeister noch grummeln, bevor die beiden um einen Lagerschuppen bogen und außer Hörweite waren.

Pablo setzte den Hobel an. Stunde um Stunde arbeitete er mit José um die Wette, aber seine Gedanken kreisten unaufhörlich um die Frage, die Don Rodrigo aufgeworfen hatte. Wie konnte man fünfzig Kanonen auf einer Karacke verstauen?

Aber wie er auch grübelte, eine sinnvolle Lösung wollte auch ihm nicht einfallen. Das Oberdeck der Karacke hatte nun einmal nur eine begrenzte Ausdehnung, und schon wenn man nur dreißig Kanonen entlang der Reling und in den Kastellen unterbrachte, wurde der Platz auf Deck reichlich knapp. Vor allem aber ließ sich das Schiff mit jeder Kanone, die man aufs Oberdeck hievte, schlechter manövrieren, weil das Gleichgewicht des Schiffes auf diese Weise beeinträchtigt wurde. Eigentlich hätte man sie am tiefsten Punkt des Schiffsrumpfes lagern müssen, doch das wäre erst recht unsinnig, denn was halfen Kanonen im untersten Laderaum, wenn oben auf dem Wasser die Piraten angesegelt kamen?

Der Abend dämmerte bereits, als sie endlich die allerletzten Spanten glatt gehobelt hatten. Morgen würden die Schiffszimmerleute beginnen, sie im Heck des Gerippes einzusetzen, und er würde ihnen dabei helfen. Aber vielleicht machte er sich ja wirklich etwas vor?, dachte Pablo. Vielleicht hatte dieser Don Rodrigo recht, und es war ihm gar nicht bestimmt, ein bedeutender Schiffsbauer zu werden. Und wieso sollte gerade er dazu berufen sein, ein verzwicktes Problem wie die Schiffsbewaffnung zu lösen – wenn sich doch sogar ein erfahrener Schiffsbaumeister wie Don Pedro die Zähne daran auszubeißen schien?

Pablo schob die Hände in die Taschen und trottete zum Hafen hinüber. Es brodelte in seinem Inneren. Don Rodrigos Zurechtweisung ging ihm im Kopf herum, und dann wieder sah er Don Pedro vor sich, der ihm aufmunternd zunickte.

An diesem Abend fand Pablo nicht einmal an der Flotte prächtiger Briggs Gefallen, die unter Salutschüssen in den Hafen von Puerto Nuevo einlief. Seit vielen Jahrhunderten arbeiteten die besten Männer auf der ganzen Welt an der Vervollkommnung der bewährten Schiffsformen, dachte er, und jetzt kam er dahergelaufen, der Fischersohn, der Heringsjongleur, und maßte sich an, eine Aufgabe lösen zu wollen, für die bisher niemand eine Lösung wusste?

Pablo ließ den Kopf noch tiefer hängen und trottete weiter, immer an der Kaimauer entlang, bis der Hafen hinter ihm lag. Nicht einmal für die Silhouette von Puerto Nuevo, die im Sonnenuntergang so beeindruckend wie einst in seinen Träumen funkelte, hatte er heute einen Blick.

Der gepflasterte Weg ging in den Sandstrand über, der mit allerlei Treibgut übersät war. Pablo stöberte eine Weile herum, bis er auf vier kleine Hölzer von ungefähr gleicher Länge stieß. Er nahm sie, warf sie probeweise in die Luft und fing sie wieder auf. Wie lange er nicht mehr jongliert hatte!

Er ging langsam weiter, ohne auf seinen Weg zu achten. Seine Eltern kamen ihm in den Sinn, sein Heimatdorf und die liebe Olivia, die er beinahe geheiratet hätte. Er dachte an sein Fischerboot und daran, wie stolz er gewesen war, als der Vater es ihm geschenkt hatte. Wie ihm das Herz in der Brust geklopft hatte, als er den Mast für das Segel angebracht hatte! Da glaubte ich noch, dachte Pablo, dass es mir bestimmt wäre, ein Weltreisender und Entdecker zu werden. Aber schon damals hatte ihn die Frage, wie er den Mast im Boot befestigen und das Segel daran befestigen könnte, im Grunde mehr fasziniert als die Vorstellung, mit diesem Boot übers Meer zu fahren. Nein, nein, es ist schon alles so gelaufen, wie es kommen sollte, sagte er sich und stieß im selben Moment mit dem Fuß gegen einen harten Gegenstand.

Pablo ließ seine Holzstücke fallen und wollte seinen Augen nicht trauen. Vor ihm im Sand lag eine silberne Kugel. Er bückte sich. Wie kam es nur, dass er immer wieder auf solche Kugeln stieß? Er kauerte sich hin und nahm die Kugel in die Hand. Er wischte sie an seinem Ärmel blank, und als er sie genauer ansah, schimmerte ihm aus dem silbrigen Spiegel ein Gesicht entgegen. Es war jenes Gesicht, das ihm auch in den beiden anderen Kugeln erschienen war, doch diesmal kam es ihm auf seltsame Weise verwandelt vor. Hatte es nicht eine gewisse Ähnlichkeit mit ihm selbst, nur dass es hagerer und gereifter wirkte? Er hatte keine Gelegenheit, länger darüber nachzudenken, denn der Mann in der Kugel fragte ohne Umschweife: »Nun, wie ist es dir ergangen?«

Einen Moment lang schaute Pablo sinnend auf das Gesicht hinab. »Ich hatte einige Irrungen zu überstehen, aber jetzt habe ich meine Bestimmung gefunden«, sagte er. »Ich habe den richtigen Weg gewählt, und ich freue mich jeden Morgen, wenn ich aufwache, auf die Arbeit, auf den Geruch des Holzes, auf die Ideen, die mir bei der Arbeit kommen, auf die vielen neuen Dinge, die ich lerne.«

»Das klingt alles sehr gut. Aber bist du wirklich völlig glücklich?«, fragte der Mann in der Kugel.

Pablo seufze leise und ließ die Kugel in seinen Händen ein wenig hin und her rollen. »Doch, ich bin glücklich«, sagte er. »Wahrscheinlich bin ich nur zu ungeduldig, oder ich erwarte zu viel von mir. Denn natürlich stoße ich auch auf diesem Weg manchmal an Grenzen. Manches werde ich erst später bewältigen können, wenn ich mehr Erfahrung habe. Und manches werde ich wohl niemals leisten können – Aufgaben, an denen bisher sogar die besten Schiffsbauer gescheitert sind.«

»Was sollen das denn für Aufgaben sein?« Der Mann in der Kugel klang auf einmal fast spöttisch.

Pablo hockte sich in den warmen Sand. »Ich bin ja nur ein unerfahrener Lehrling«, sagte er, »wie könnte da gerade ich die Lösung für ein Problem finden, das nicht einmal Don Pedro lösen kann? Aber wenn ich es schaffen würde, fünfzig oder mehr Kanonen auf einer Karacke unterzubringen – dann würde Don Pedros Werft auf der ganzen Welt berühmt, und die Piraten würden auf einen Schlag ihren Schrecken verlieren«, erklärte Pablo.

»Warum soll das denn unmöglich sein?«, fragte der Mann in der Kugel. »War es nicht immer schon so, dass die Leute so lange behauptet haben, eine Aufgabe sei unlösbar, bis irgendjemand doch die Lösung gefunden hat? Und waren es nicht fast immer junge, ungeduldige Burschen wie du?«

Plötzlich erinnerte sich Pablo an eine Bemerkung seines Großvaters. »Das Alter hat seine unbestreitbaren Vorteile«, hatte er gesagt. »Durch Erfahrung können viele Fehler vermieden werden, die den Jüngeren unweigerlich unterlaufen. Aber die Älteren vertrauen meist nur noch ihrer Erfahrung. Und wenn plötzlich ein neues Problem auftaucht, dann ist es für sie viel schwerer, eine Lösung zu finden, denn dafür müssten sie die Dinge aus einem anderen als dem gewohnten Blickwinkel betrachten. Wenn es also niemand wagen würde, das Bewährte infrage zu stellen und mit neuartigen Ansätzen zu experimentieren, dann wäre wahrscheinlich bis heute das Rad nicht erfunden worden.«

Während sich Pablo an die Worte seines Großvaters erinnerte, konnte er spüren, wie sich Mut und Zuversicht in seinem Inneren ausbreiteten. »Du glaubst also, dass ich eine Lösung finden kann?«, fragte er endlich. Aber das Gesicht in der Kugel erwiderte nur schweigend seinen Blick. »Vielleicht sollte ich mich lieber fragen, *wie* ich diese Aufgabe bewältigen kann, anstatt noch länger zu grübeln, ob ich dazu überhaupt in der Lage bin.«

Das Gesicht in der Kugel nickte ihm zu. Wieder versank Pablo in Gedanken und Erinnerungen. »Was wir für äußere Hindernisse halten, sind meistens nur innere Grenzen, die wir uns selbst auferlegen und die wir selbst auch wieder aufheben können«, hatte der Großvater damals ebenfalls gesagt.

»Ich glaube, du hast recht«, sagte Pablo schließlich. Aber als er die Kugel genauer ansah, war das Gesicht bereits wieder verschwunden. Seltsam, wie ähnlich es mir gesehen hat, dachte er. Und war es nicht mindestens genauso wundersam, dass er nun schon drei solcher Silberkugeln besaß? Da musste doch etwas dahinterstecken, dachte Pablo und erinnerte sich an die Worte des alten Pepe, der oft vom Geheimnis der fünften Kugel gesprochen hatte. Wie würde es nun weitergehen? Plötzlich begann Pablos Herz heftig zu klopfen. Er stand auf, warf den Eisenball in die Luft und fing ihn wieder auf. In einem Punkt hatte der Mann in der Kugel jedenfalls recht: Es kam darauf an, dass man an sich selbst und seine Möglichkeiten glaubte. Und er nahm sich vor, heute Abend noch in der Werft mit allen drei Silberkugeln zu jonglieren. Vielleicht würde ihm dabei einfallen, wie er das vertrackte Problem mit den Schiffskanonen lösen könnte.

Sehr viel beschwingter und zuversichtlicher, ging Pablo zur Werft zurück. Er machte sogar einen Umweg durch die Stadt, die hinter dem Hafen mit einem Gewirr aus Gassen, prächtigen Bauten und Türmen begann. Bisher hatte er das Getümmel dort meist gemieden, weil ihn die Arbeit auf der Werft so sehr in Anspruch nahm.

Gedankenversunken lief Pablo durch eine Gasse hinter dem Hafen, als auf einmal über ihm ein Fenster aufgerissen wurde. Eine junge Frau beugte sich heraus und leerte schwungvoll einen Eimer aus. Pablo konnte sich gerade noch durch einen Sprung in Sicherheit bringen, dann klatschte das Wasser vor ihm aufs Pflaster.

»Hoppla, mein Fräulein!«, rief er mit einem Lachen zu ihr hinauf. »Seid Ihr immer so ungestüm?«

Ihre Augen blitzten, als sie sich weiter aus dem Fenster beugte. Sie befand sich im ersten Stockwerk, aber das Häuschen war so niedrig gebaut, dass ihr Gesicht kaum zwei Handbreit über dem seinen schwebte.

Pablo starrte, wie vom Blitz getroffen, zu ihr empor. Sie war wunderschön. Aber mehr noch als ihre Schönheit ließ eine Idee, die ihm urplötzlich durch den Sinn geschossen war, seinen Atem stocken.

»Was starrt Ihr mich an wie ein Mondkalb?«, fragte die junge Frau. »Wenn Ihr nicht gleich zu Euch kommt, wird mir nichts anderes übrig bleiben, als einen zweiten Eimer Wasser zu holen. Und glaubt mir, diesmal werde ich besser zielen!«

»Das hieße, mit Kanonen auf harmlose Passanten schießen«, gab Pablo zurück.

»Ein wunderlicher Vergleich!« Ihre dunklen Augen funkelten vor Spottlust. »So wenig mein Eimer mit einer Kanone gemein hat, so wenig kommt Ihr mir wie ein harmloser Passant vor. Wer ehrbare junge Frauen so dreist anspricht, wird wohl eher auf Raubzug sein.«

Pablo lächelte verwirrt zu ihr hinauf. Sie gefiel ihm sehr, aber es bereitete ihm Mühe, sich auf den munteren Wortwechsel zu konzentrieren. Denn er sah wieder und wieder vor sich, wie das Fenster aufgeflogen und der Schwall Wasser hindurchgeschossen war. Wenn das Fenster nun eine Luke im Schiffsrumpf wäre, dachte er, und statt des Wassers eine Kanonenkugel herausgeschossen käme, dann gäbe es für die Piraten ein böses Erwachen!

»Bitte verzeiht mir«, sagte er, »ich bin in Eile.« Er verbeugte sich und wollte loslaufen, doch die junge Frau hielt ihn zurück.

»So einfach kommt Ihr mir nicht davon«, sagte sie, und ihre Augen funkelten noch spöttischer.

»Wie? Nein, also ich ... ich ...«, stotterte Pablo. Er konnte es kaum erwarten, seine Eingebung in einer Skizze festzuhalten. Und ausgerechnet heute hatte er seine Kladde nicht dabei! Doch das Mädchen schien immer noch nicht gewillt, ihn so einfach ziehen zu lassen. Sie gefiel ihm ausnehmend gut, und anscheinend hatte auch sie ihre Freude an ihm. Nur gerade jetzt hatte er wirklich keine Zeit! Wie auf glühenden Kohlen stand er da. »Ich heiße Pablo«, sagte er endlich zu ihr, »und nichts auf der Welt würde ich lieber tun, als den ganzen Abend hier mit Euch zu plaudern. Aber ich muss mich sputen!«

»Was gibt es denn so Eiliges, dass Ihr dafür alle Höflichkeit vergesst und eine junge Frau einfach stehen lassen wollt?« Sie stützte sich mit den Ellbogen auf die Fensterbank und sah ihn mit gespielter Strenge an.

»Ich ... ich bin Schiffsbauer!«, rief Pablo aus, als wäre damit alles gesagt. »Also, zumindest werde ich bald eigene Schiffe bauen, doch zurzeit gehe ich draußen auf der Werft bei Don Pedro in die Lehre. Und gerade eben, als Ihr das Wasser aus dem Fenster gegossen habt, ist mir eine Idee gekommen. Also, gehabt Euch wohl!«

Ehe sie wieder etwas antworten konnte, nickte er ihr hastig zu und lief mit langen Schritten die Gasse hinunter. Als er sich nach ein paar Metern im Gehen umwandte, stand sie immer noch am Fenster und sah mit einem verwunderten Lächeln hinter ihm her. Genau unter ihr, neben der Haustür, bemerkte Pablo jetzt ein rundes Schild, auf dem eine Schere abgebildet war. Der Schriftzug, der sich in der Form eines Ovals um die Schere zog, lautete »Don Carlos – Schneidermeister«.

Am nächsten Morgen war Pablo völlig übermüdet und so aufgeregt wie niemals zuvor in seinem Leben. Die halbe Nacht hatte er in der Schlafkammer gesessen und beim Schein einer Kerze Schiffsrümpfe gezeichnet. Zwischendurch hatte er mit den drei Eisenbällen jongliert, auch wenn ihn José verflucht und auf den Meeresgrund gewünscht hatte. Diesmal hatten alle Proteste seines Kameraden nichts genutzt. Pablo hatte nur wild den Kopf geschüttelt und seine Nase noch tiefer in die Kladde gesteckt, während seine Hand mit dem Gänsekiel nur so über die Seiten flog.

Wenn man die Kanonen nicht auf dem Oberdeck aufstellte, sondern auf den unteren Decks bis hinab zur Wasserlinie, dann waren die Probleme der Raumnot und der Gewichtsverteilung auf einen Schlag gelöst. Je weiter unten die Kanonen standen, desto stabiler lag das Schiff im Wasser, und desto besser ließ es sich manövrieren. Wie aber sollte man mit Geschützen feuern, die unter Deck in den Laderäumen verstaut waren? Die Antwort war so einfach, dass Pablo wieder und wieder den Kopf schüttelte – aus Verblüffung, weil weder er selbst noch Don Pedro oder irgendwer sonst bisher auf diesen Gedanken gekommen schien.

Als er gesehen hatte, wie die junge Frau das Wasser auf die Gasse goss, war es wie eine Erleuchtung in ihm aufgeflammt. Man musste lediglich Luken im Schiffsrumpf einlassen, für jede Kanone eine Luke, durch die bei Bedarf gefeuert werden konnte. Dann konnte man auf den unteren Decks fünfzig, achtzig oder sogar hundert Kanonen aufstellen und notfalls aus sämtlichen Rohren gleichzeitig feuern. Waren keine Piraten in Sicht, wurden die Luken wieder verschlossen. Das war freilich auch das Problem, für das Pablo bisher noch keine Lösung gefunden hatte: Die Luken mussten in verschlossenem Zustand vollkommen wasserdicht sein, sonst würde das Schiff mit seinen Kanonen einfach untergehen. Er selbst hatte ja an Bord der *Santa Cruz* am eigenen Leib erfahren, wie schnell ein Schiff dem Untergang geweiht war, wenn auch nur ein einziges Leck in seinem Rumpf klaffte. Aber es musste doch möglich sein, Schiffsfenster zu konstruieren, die sich leicht öffnen und ebenso mühelos wieder wasserdicht verschließen ließen! »Die Frage ist nicht, ob etwas möglich ist«, hatte der Mann in der Kugel gesagt, »sondern wie es sich bewerkstelligen lässt.«

Als der Morgen graute, saß Pablo immer noch am Tisch, neben der niedergebrannten Kerze. Sein Kopf war auf die Kladde gesunken, die bis zum letzten Blatt mit Zeichnungen und Berechnungen gefüllt war. Mit den allerersten Sonnenstrahlen eilte er zur Strandwerft hinaus und konnte es kaum erwarten, bis die Zimmerleute zur Arbeit kamen, damit er ihnen seine neueste Idee erläutern konnte. Doch als sie endlich erschienen und Pablo ihnen ganz aufgeregt von den Luken erzählte, mit denen er den Schiffsrumpf durchlöchern wollte, da erntete er nur hämisches Gelächter und sogar spöttische Antworten. »Wenn es möglich wäre, Luken so abzudichten, dass kein Wasser eindringen kann – dann gäbe es das doch längst! Oder glaubst du wirklich, dass die Welt gerade auf dich und deine verrückten Ideen gewartet hat?«

Pablo verkroch sich im hintersten Winkel der Werft. Nach diesen vernichtenden Kommentaren seiner erfahreneren Kollegen mochte er selbst kaum mehr die Zeichnungen betrachten, die er die halbe Nacht über mit brennendem Eifer angefertigt hatte. Sie haben ja recht, dachte er wieder und wieder, bestimmt ist diese Idee einfach nicht durchzuführen!

Plötzlich hörte er, wie jemand nach ihm rief. »Pablo, wo steckst du denn?« Es war die Stimme von Don Pedro, und er kroch aus seinem Versteck hervor. Wie oft hatte er sich letzte Nacht ausgemalt, dass er Don Pedro seine Skizzen zeigen und der verehrte Meister ihn für seine großartige Idee loben würde! Jetzt aber überlegte Pablo fieberhaft, wie er seine Kladde vor Don Pedros Blicken verbergen könnte.

»Da bist du ja, ich habe dich überall gesucht. Stell dir vor, Pablo, was es mir letzte Nacht geträumt hat: Mein Kontor war auf einmal ein Schiff, mit dem wir beide auf einem endlosen Ozean umhergefahren sind. Irgendwann hast du ein Fenster geöffnet, weil es im Raum sehr stickig war, und köstliche Luft strömte herein. Plötzlich wurde es draußen stürmisch, die Wellen türmten sich immer höher auf, und als ich das Fenster schließen wollte, ließ es sich nicht mehr bewegen! Ich rüttelte und zerrte daran, doch alle Mühe schien vergeblich.« Don Pedro sah sinnend an Pablo vorbei, der Traum schien ihn aufgewühlt zu haben.

»Wie ist Euer Traum ausgegangen?«, fragte Pablo und wagte kaum, Don Pedro ins Gesicht zu sehen.

Don Pedro legte ihm die Hände auf die Schultern. »Du bist herbeigeeilt und hast das Fenster im allerletzten Moment wieder zugedrückt. Ganz einfach! Ich sehe noch genau vor mir, wie die Welle von außen gegen mein Kontorfenster gekracht ist. Aber es hat gehalten!« Der Schiffsbaumeister strahlte ihn an, seine Züge verrieten deutlich, dass er Pablo liebte wie einen eigenen Sohn.

Da fasste sich Pablo ein Herz und zog die Kladde unter seinem Hemd hervor. »Lacht mich aus oder scheltet mich einen Narren, Don Pedro«, sagte er, »aber ich muss Euch etwas zeigen.« Und er klappte sein Heft auf, blätterte mit bebenden Fingern und fand die Seite, auf denen er seine Idee in allen Einzelheiten ausgearbeitet hatte. Stumm hielt er Don Pedro die Zeichnung hin und wagte kaum zu atmen, während der Schiffsbauer seinen Blick darüber schweifen ließ.

Die Skizze bestand aus zwei Teilen und stellte eine Karacke von der Backbord- und von der Steuerbordseite dar. Hier wie dort war der Rumpf mit nicht weniger als vierzig übereinandergestaffelten Luken durchsetzt, die allesamt geöffnet waren, sodass man dahinter die Kanonen lauern sah. Pablo hatte die Luken so ausgeführt, dass sie mit schmalen Klappen, die sich auf Schienen vertikal bewegen ließen, geöffnet und verschlossen werden konnten. Aber wie sich diese Pforten so verrammeln ließen, dass keine Flutwelle eindringen konnte, das wusste er heute früh so wenig wie gestern Abend.

»Das ist kühn«, murmelte Don Pedro und nahm Pablo die Kladde aus der Hand. »Du gestattest doch?« Er begann, darin zu blättern, kehrte aber nach kürzester Zeit zu der Zeichnung mit den zwei mal vierzig Luken zurück. Darunter hatte Pablo einige Berechnungen notiert. »Wie bist du nur auf diesen Gedanken gekommen, Junge?«, fragte Don Pedro endlich und legte Pablo erneut seine Hand auf die Schulter.

»Na ja, ich ... also ich ...«, stotterte Pablo wieder einmal los, »ich habe zufällig etwas beobachtet, das mich auf diese Idee gebracht hat. Aber sie lässt sich ja doch nicht ausführen«, schloss er, plötzlich wieder von Mutlosigkeit erfasst, »denn wie um alles in der Welt könnte man all diese Luken wasserdicht verschließen?«

»Darüber werden wir nachdenken«, sagte Don Pedro, »aber die weitaus größere Leistung hast du ja schon vollbracht: Du hast Karacken und Kanonen so betrachtet, als ob sie eben erst vom Mond gefallen wären. Dadurch hast du an einer Sache, die wir bis in die letzte Einzelheit zu kennen glaubten, etwas völlig Neuartiges entdeckt. Da werden wir doch das Problem mit der Abdichtung auch noch lösen!«

In den folgenden Wochen saß Pablo von früh bis spät am Zeichentisch in Don Pedros Kontor. Seite an Seite mit dem Schiffsbaumeister arbeitete er unermüdlich daran, wie sich die Luken gegen das Meerwasser abdichten ließen. Schon am Abend des ersten Tages, lud Don Pedro ihn ein, mit an seinem Tisch zu speisen und in einem seiner Gästezimmer zu nächtigen. Bald schon kamen sie überein, dass Pablo ganz ins Haupthaus umziehen würde. Für Pablo war es, als wäre die Erfüllung seines großen Traumes wieder ein Stück näher gerückt. Wenn der Baumeister Besuch von einem Kunden erhielt, schickte er Pablo nicht hinaus, sondern ermahnte ihn, darauf zu achten, was und wie bei den Verhandlungen gesprochen wurde. So erfuhr Pablo in dieser Zeit auch vieles über Strategien, die bei geschäftlichen Besprechungen angewendet wurden. Den größten Teil des Tages aber saßen sie zu zweit am Zeichentisch und überboten einander mit ihren Ideen. Als Erstes forderte Don Pedro seinen Lehrling auf, gemeinsam mit ihm einen neuen Namen für ihr Konstrukt zu finden. »Solange wir es Luke nennen, denken wir eben an Luken, wie man sie seit Langem auf Schiffen verwendet. Wir aber suchen etwas Neues, das auch einen neuen Namen bekommen muss. Was hältst du von Feuerfenster? Oder Kanonentor?« Schließlich einigten sie sich auf »Geschützpforte«.

Als Nächstes verwarfen sie Pablos ursprüngliche Idee, die Verschlussklappe einfach an Schienen auf- und abwärtszubewegen, denn die Konstruktion war, egal mit welchen Materialien man sie ausführte, zu schwach, um dem ungeheuren Druck der Meeresfluten standzuhalten. Fast drei Wochen lang erwogen und verwarfen sie eine Fülle von Ideen und Konstruktionen, und in dieser Zeit wurden Don Pedro und Pablo tatsächlich so vertraut miteinander wie Vater und Sohn. Wenn Pablo der Mut sinken wollte, richtete ihn Don Pedro durch eine kluge oder scherzhafte Bemerkung wieder auf. Wenn umgekehrt einmal Don Pedros Kräfte oder Zuversicht erlahmten, scheute Pablo keine Mühe, ihn wieder aufzumuntern. Einmal jonglierte er sogar mit vier großen Kreidestücken, wobei jedem von ihnen wieder eine Idee kam, die sie ihrem Ziel ein großes Stück näher brachte.

»Wir müssen die Geschützpforte und den Gang dahinter so eng wie möglich machen«, sagte Don Pedro, und Pablo stimmte ihm zu. »Und vor allem müssen wir sie mit mehreren Rahmen umgeben, die wie Terrassen übereinandergestaffelt sind, um an diesem mehrstufigen Kragen den Druck zu verringern, mit dem die Flut auf die Pforte trifft.«

Don Pedro hatte unterdessen schon begonnen, seine Idee an der Schiefertafel zu skizzieren. Um die Geschützpforte herum zeichnete er einen breiten Rahmen, diesen umgab er mit einem weiteren und diesen schließlich mit einem dritten, sodass ein rechteckiger Kragen entstand, an dessen vier Seiten Stufen ins Innere führten.

»Das ist gut, das ist sehr gut, Don Pedro«, sagte Pablo und trat neben seinen Lehrherrn. »Und die Pforte selbst muss von oben herabfallen, innen eine verpichte Nase aufweisen und sich wie ein Korken vor die Kanone schieben. Was den Vorteil hat, dass sie umso dichter schließt, je fester das Wasser dagegendrückt.«

Sie standen vor der Schiefertafel und sahen erst die beiden Skizzen, dann einander an. Allmählich begann Don Pedros Gesicht von innen heraus zu strahlen, und Pablo fühlte, wie ein Grinsen seinen Mund immer breiter zog.

»Euer Kragen da, Don Pedro, ist ein Geniestreich!«

»Ohne deine Korkenpforte, Junge, wäre mein Kragen völlig nutzlos. Aber ich glaube ganz fest, dass beide zusammen die Lösung bedeuten.«

Den »Korken« an der Innenseite der Pforte würden sie aus Teak oder Mahagoni herstellen und mit einer Schicht aus dem elastischen, nahezu unzerreißbaren Baumharz umgeben, das in den Urwäldern der neuen Länder gewonnen wurde. Für den gestaffelten »Kragen« im Umkreis der Pforte mussten sie massive Metallmischungen vorsehen. Die Pforte selbst würde mit Kette und Riegel oberhalb der Öffnung fixiert werden, sodass sie von selbst und mit größtmöglicher Geschwindigkeit herabflog und den Geschützgang verpfropfte.

Am Abend des zwanzigsten Tages legte Don Pedro wieder einmal seine Hände auf Pablos Schultern. »Du wirst ein großartiger Schiffsbauer werden, mein Sohn«, sagte er, und seine Augen blitzten. »Und ebenso sicher ist, dass uns deine Erfindung eine Flut ansehnlicher Aufträge ins Haus spülen wird«, meinte er anerkennend. »Aber nun begehe nicht den Fehler, den ich in meinen jüngeren Jahren begangen habe und mir bis heute vorwerfen muss: Lass bei aller Begeisterung für die Arbeit auch einmal deine Gefühle zu ihrem Recht kommen.«

»Aber ich bin bei allem, was ich hier tue, mit Herz und Seele dabei«, wollte Pablo einwenden, doch Don Pedro schüttelte lächelnd den Kopf.

»Hier ist ausnahmsweise einmal von anderen Gefühlen die Rede, junger Mann. Also wasch dir zumindest die Kreide von den Händen, und dann lauf in die Stadt und sieh nach, wie es deiner Muse in den letzten Wochen ergangen ist.«

»Meiner Muse?« Pablo wusste sofort, auf wen Don Pedro anspielte. Denn vor zwei Wochen schon hatte er ihm erzählt, wie er auf die Idee mit den Luken gekommen war.

Pablo ließ sich diesen Rat nicht zweimal erteilen. Schon Augenblicke später eilte er am Meer entlang nach Puerto Nuevo. In den zurückliegenden Wochen hatte er häufig an das Mädchen mit dem munteren Mundwerk und den spöttisch blitzenden Augen gedacht. Bisher hatte er jedoch nicht den Mut aufgebracht, unter einem Vorwand in die Schneiderstube zu treten und sie in ein Gespräch zu verwickeln. Jeden Abend, wenn er müde ins Bett sank, galt ihr sein letzter Gedanke. So rastlos sein Geist mit den Schiffsplänen beschäftigt war, so sehr waren sein Herz und seine Seele von der Schönheit, dem heiteren Wesen und dem freundlichen Lächeln der jungen Frau erfüllt, die ihm beinahe einen Eimer Wasser über den Kopf gegossen hätte.

# KAPITEL 7

## *Die Veränderung*

Hallo, Emilio!« Pablo grüßte zu dem jungen Zimmermann hinüber, der auf einem Gerüst neben dem Schiffsgerippe balancierte, und Emilio winkte lachend zurück. »Guten Morgen, Alfredo.« Pablo blieb bei dem älteren Arbeiter stehen, der gerade die neue Holzlieferung versorgte, und half ihm rasch, die langen Eichenplanken übereinanderzustapeln. Er winkte José zu, der es mittlerweile zum Zimmermannsgesellen gebracht hatte und mit seinem Vater an der Karacke arbeitete, die auf dem vordersten Bauplatz entstand.

Die Arbeiter auf der Werft liebten und respektierten Pablo, den jungen Schiffsbaumeister, dem Don Pedro vor einem Jahr bei einer feierlichen Zeremonie im Gildehaus seinen Meisterbrief überreicht hatte. Fast fünf Sommer waren vergangen, seit Pablo mit der *Santa Cruz* in den Hafen von Puerto Nuevo eingelaufen war. Jeden Sonntag zog er sein bestes Hemd an und spazierte in die Stadt hinüber, wo er ein paar Stunden mit Maria verbrachte und wo sie zuweilen auch schon in halbem Ernst ihre gemeinsame Zukunft besprachen. Sie ging bei ihrem Vater, dem Schneidermeister Don Carlos in die Lehre und schneiderte fast schon so geschickt wie er. Für Pablo und Maria stand fest, dass sie eines Tages heiraten würden, aber sie hatten es nicht allzu eilig damit. Vorläufig genossen sie es, ungezwungen miteinander zu tändeln. Und Pablo hätte sich rundum glücklich gefühlt, wenn er nicht gespürt hätte, dass Don Pedros Kräfte langsam schwanden.

Bis vor Kurzem waren der alte Schiffsbauer und er jeden Morgen zusammen durch die Werft gegangen, doch seit einer

Woche fühlte sich Don Pedro zu schwach für dieses Ritual. So musste Pablo die Runde durch Lager, Werkstätten und Schiffsbauplätze allein machen, hier kurz mit anpacken, dort ein Problem besprechen. Denn Schiffe zu zeichnen war das eine, sie tatsächlich zusammenzubauen war immer noch etwas ganz anderes. Pablo hatte von Don Pedro gelernt, dass alle aufeinander angewiesen waren und vom ersten bis zum letzten Schritt eng zusammenarbeiten mussten. So wenig die Schiffszimmerleute ein Schiff bauen konnten, das nicht zuvor am Zeichentisch entworfen worden war, so wenig konnte ein Schiffsbauer ohne erfahrene Zimmerleute auskommen. Konstrukteur und Arbeiter brauchten einander, wie die Götter in den alten Sagen Scharen von guten Geistern benötigten, die ihre schöpferischen Ideen in körperliche Wirklichkeit überführten.

Der bloße Gedanke, dass sein väterlicher Freund bald sterben könnte, erfüllte Pablo mit Schrecken und Schmerz. Ein paar Mal hatte der alte Schiffsbauer schon angedeutet, dass er sich nichts sehnlicher wünsche, als ihn zu seinem Nachfolger zu machen. Aber sosehr Pablo dieses Vertrauen schmeichelte, sobald Don Pedro auf diesen Punkt zu sprechen kam, wurde Pablo ganz unbehaglich zumute. Er war doch noch viel zu jung und unerfahren, um die Bürde zu schultern! Nein, der alte Herr musste sich ganz einfach wieder erholen.

Pablo trat zu einer Gruppe von Zimmerleuten, die sich vor der Steuerbordseite des Kraweelschiffs versammelt hatten. Er fragte, ob ein Problem aufgetreten sei. »Der Metallkragen für die Geschützpforten«, antwortete einer von ihnen. »Schaut hier, Meister, die Legierung scheint nicht in Ordnung zu sein – die Kanten rosten schon.«

Pablo nahm eines der Metallstücke in die Hand und drehte es prüfend hin und her. »Du hast recht«, sagte er, »da hat uns der Schmied schlechte Ware geliefert. Das Problem ist auch, dass wir hier auf der Werft niemanden haben, der sich mit Metallen so gut auskennt, wie es für die Geschützpforten eigentlich nötig wäre. Ich werde mit Don Pedro darüber sprechen.« Im Grunde hätten sie schon vor zwei Jahren einen Fachmann für Metalllegierungen einstellen sollen, denn es traten immer wieder Fragen auf, die niemand beantworten konnte. Aber Don Pedro hatte gezögert, neue Leute anzuheuern.

Er nickte den Zimmerleuten zu und ging weiter zum dritten Bauplatz, der leer war, und dieser Anblick erschreckte ihn jeden Morgen aufs Neue, denn es war das erste Mal in fünf Jahren, dass auf der Werft nicht an mindestens drei Schiffen gleichzeitig gearbeitet wurde. Dabei war zunächst alles genauso gekommen, wie Pablo und Don Pedro es damals am Zeichentisch ersonnen hatten. Die Erfindung hatte ihrer Werft tatsächlich einige ansehnliche Aufträge eingebracht, doch mittlerweile wurden ihre Geschützpforten auf Dutzenden Werften in aller Herren Länder nachgebaut. Selbst die Piraten begannen ihre Briggs mit Kanonen auf den Unterdecks auszurüsten, sodass die Lage auf den Meeren allmählich wieder unsicher wurde. Gleichwohl erschien es Pablo rätselhaft, warum die Werft in den letzten beiden Jahren immer weniger Aufträge erhielt. Schließlich hatte Don Pedro doch einen erstklassigen Ruf! Pablo mochte überhaupt nicht daran denken, dass Don Pedro plötzlich nicht mehr oben im Kontor säße und alle Schwierigkeiten mit einem weisen Lächeln meisterte.

Auf der Werft arbeiteten zwei Dutzend Männer, die fast alle Frauen und Kinder zu versorgen hatten. Pablo zog sich der Magen zusammen bei dem Gedanken, dass er für all diese Menschen verantwortlich wäre und womöglich eines Tages etliche von ihnen entlassen müsste, weil es ihm nicht gelungen war, genügend Aufträge zu beschaffen. Nein, dachte Pablo, das ist nichts für mich, ich bin Schiffsbauer, kein Kaufmann! In seiner freien Zeit zeichnete er immer noch stundenlang in seine Kladden, und seine Entwürfe wurden immer kühner, je tiefer er in die Geheimnisse der Schiffsbaukunst eindrang. Ihm schwebte vor, ein riesiges Schiff zu bauen, das größte, mächtigste und gleichzeitig wendigste Schiff, das jemals die Ozeane befahren hatte.

Er trat ins Kontor und fand Don Pedro am Fenster sitzend, wo der alte Mann mittlerweile halbe Tage in einem Lehnstuhl verbrachte. »Don Pedro«, sagte er und legte ihm eine Hand auf die Schulter, »schaut Euch dieses Metallstück an, es rostet schon, bevor wir es eingebaut haben. Wir brauchen dringend einen Fachmann, der sich mit Metallen auskennt und dem Schmied auf die Finger schauen kann.«

Don Pedro fuhr sich mit der Hand über sein weißes Haar, seine Augen waren tief eingesunken und hatten ihren früheren Glanz fast gänzlich verloren. »Diese Werft, mein Junge«, sagte er mit müder Stimme, »braucht einen neuen Kapitän.«

Mit einem leisen Seufzer legte Pablo das Metallstück auf den Tisch und ließ sich in den Sessel neben Don Pedro fallen. Eine Weile sahen sie beide stumm nach draußen.

»Seit drei Jahren bist du nun mein Steuermann auf der Werft«, brach der alte Mann endlich das Schweigen, »und glaub mir, Pablo, ich habe niemals einen besseren gehabt.« Zusammengekauert saß der alte Schiffsbaumeister in seinem Sessel, eine Wolldecke über den Knien, obwohl die Sonne schien. Aber die Kälte, die Don Pedro Tag und Nacht frösteln ließ, kam aus seinem Innern. Es war die Kälte des nahenden Todes, wie Pablo plötzlich erkannte. Oft hatte er diese Ahnung weggedrängt, doch jetzt konnte er sie nicht länger vor sich verleugnen.

»Aber der beste Steuermann ist nur von geringem Nutzen«, fuhr Don Pedro fort, »wenn das Schiff keinen Kapitän mehr hat.« Pablo krampfte sich das Herz zusammen, er wollte etwas einwenden, aber der alte Mann hob seine Hand, um anzuzeigen, dass er jetzt keine Unterbrechung duldete. »Ich weiß schon, was du sagen willst, Junge, aber ich weiß auch, dass rücksichtsvolle Lügen uns nicht weiterhelfen. Ich werde bald sterben, Pablo, und wie es aussieht, wird die Werft mit mir untergehen.«

Pablo hatte das Gefühl, dass ihm eine eiskalte Hand den Rücken hinunterfuhr. »Aber das darf nicht geschehen!«

»Du wirst es längst bemerkt haben«, fuhr der alte Mann fort, ohne auf Pablos Ausruf einzugehen, »die Reeder wenden sich von uns ab, wir bekommen immer weniger Aufträge. Der Ruf der Werft hängt an meinem Namen, und natürlich wissen die Leute, dass ich nicht mehr lange zu leben habe. Wenn sie uns heute mit dem Bau eines Schiffes beauftragen, wer wird die Arbeit beenden, wenn ich erst tot bin?«

Pablo sah ihn an, seine Augen brannten, und er vermochte keinen Laut hervorzubringen.

»Ich mache dir keinen Vorwurf, Pablo«, fuhr Don Pedro fort, »wie könnte ich, schließlich habe ich selbst es versäumt, eine Familie zu gründen und meinen Nachfolger von Kindesbeinen an heranzuziehen. Du weißt seit Langem, dass ich dich liebe und schätze wie meinen eigenen Sohn und dass ich dir eine großartige Zukunft als Schiffsbauer prophezeie. Aber du scheinst wenig Neigung zu verspüren, die Pflichten eines Werftbetreibers zu schultern, dich um das wirtschaftliche Wohl des Unternehmens zu kümmern. Du hast den Kopf voller Schiffsbaupläne und träumst davon, Schiffe zu konstruieren, wie sie die Welt noch nicht gesehen hat. Das ist alles sehr lobenswert, Pablo, aber währenddessen wird diese Werft untergehen.«

Pablo beugte sich vor und nahm die kalten, ausgemergelten Hände des alten Mannes zwischen die seinen. »Aber Don Pedro«, sagte er, »seht mich doch an – ich bin doch noch viel zu jung! Wie sehr würde es mich ehren, Euch eines Tages bei der Leitung der Werft zu unterstützen – aber ich flehe Euch an, gebt mir noch ein paar Jahre Zeit. Den Schiffsbau habe ich bei Euch gelernt, aber von den Schlichen der Kaufleute habe ich doch keine Ahnung. Wenn ich jetzt an Eurer Stelle Verhandlungen führen müsste, so hätten die Reeder, die Bankiers und Holzhändler mit mir ein leichtes Spiel. Das kann doch nicht Euer Wunsch sein, Don Pedro – dass Euer Lebenswerk in die Hände eines unreifen Burschen fällt, der alles, was Ihr in Jahrzehnten aufgebaut habt, binnen kurzer Zeit zum Einsturz bringt!«

»Der Zerfall hat längst begonnen.« Mit dem Kopf deutete Don Pedro zum leeren Bauplatz hinab. »Wenn es eine neue Aufgabe zu übernehmen gilt, können wir uns den Zeitpunkt meistens nicht aussuchen«, fuhr Don Pedro fort. »Du kannst dich einer Aufgabe verweigern, aber eine zweite Chance bekommst du nur selten. So ist es mir ergangen, als ich davor zurückschreckte, die Frau zu heiraten, die ich liebte und die mir für mein Leben bestimmt war.« Er entzog Pablo seine Hände und schob sie unter seine Wolldecke. »Wie gesagt, ich mache dir keinen Vorwurf.«

Da spürte Pablo mit einem Mal, wie ihn eine Kraft durchströmte, vermischt mit einem Zorn, der einzig ihm selbst galt: Was bist du nur für ein Jammerlappen!, schalt er sich im Stillen. Da saß er hier am Ort seiner kühnsten Träume und sah tatenlos zu, wie um sie herum alles zusammenkrachte? Natürlich wäre es bequemer und sicherer für ihn, wenn Don Pedro die Werft noch ein paar Jahre lang steuern könnte. Aber es war nun einmal anders gekommen, und da war es doch unreif, nun zu lamentieren! Er schüttelte den Kopf über sich selbst. Don Pedro hatte ihn wie seinen Ziehsohn aufgenommen und würde gewiss nicht zögern, ihm die Leitung seiner Werft zu übertragen, wenn er, Pablo, ihm nur ein Zeichen gab, dass er dieses Vertrauens würdig war. Aber das war die große Frage:

Wäre er imstande, an Don Pedros Seite oder sogar an seiner Stelle die Werft zu leiten?

Pablo erhob sich und begann im Kontor auf und ab zu gehen. Von der Zuversicht, die ihn eben noch durchströmt hatte, war schon kaum mehr etwas zu spüren, und wenn er in sich hineinhorchte, empfand er nur noch Angst. Er würde versagen, Don Pedros letzte Hoffnungen enttäuschen, und dann wäre alles aus! Aber wenn du es gar nicht erst versuchst, flüsterte eine innere Stimme, wirst du dir ein Leben lang Vorwürfe machen, weil du dich nicht einmal gegen den Untergang gestemmt hast. Wie war es denn damals auf der *Santa Cruz,* als Diego plötzlich bewusstlos vor dir lag. Da hast du auch nicht gejammert und den Kopf hängen lassen, da hast du angepackt und getan, was getan werden musste, ohne lange über Gefahren und Unbequemlichkeiten nachzudenken. Diese Erinnerung gab den Ausschlag. Pablo blieb neben Don Pedro stehen, der wieder in seinem Lehnstuhl eingenickt war. »Don Pedro«, sagte er leise und legte dem alten Mann sanft eine Hand auf den Arm, »verzeiht mir, dass ich gezögert habe. Ich will alles tun, was in meiner Kraft steht, um die Werft zu retten. Bitte erklärt mir, wie ich vorgehen soll.«

»Stell dir doch mal vor, Maria, worauf ich mich da eingelassen habe! Dieser Don Rodrigo will mehrere Schiffe bauen lassen, und ich soll für Don Pedro die Verhandlungen führen! Mir schlottern die Knie, wenn ich nur daran denke!«

»Das Gefühl kenne ich«, sagte Maria und lächelte ihm aufmunternd zu. Sie saßen in der Schneiderstube, und Don Carlos war glücklicherweise gerade außer Haus. »Als ich das erste Mal allein zu einer Kundin gehen musste, bin ich fast ohnmächtig vor Angst gewesen«, erzählte Maria. »Mein Vater hat mich ins kalte Wasser geworfen und zu einer Gräfin geschickt, die immer an allem herummeckert, nur damit sie anschließend den Preis drücken kann.«

»So wird es mir bestimmt auch bei Don Rodrigo gehen«, seufzte Pablo. »Ich bin ihm vor Jahren einmal begegnet. Da hat er mich gleich zurechtgewiesen, meine verrückten Ideen lieber zu vergessen, weil sonst nie ein gescheiter Schiffsbauer aus mir würde! Dabei kam er mir selbst wie jemand vor, der sich zu Abenteuern hinreißen lässt.«

»Na, dann werdet ihr beide euch ja gut verstehen«, gab Maria in neckendem Tonfall zurück. »Nein, im Ernst, Pablo, du solltest dir nicht so viele Sorgen darüber machen, was bei deinen Verhandlungen alles schiefgehen kann. Stell dir lieber vor, wie die Sache ausgehen soll, und fühle dein Glück dabei. So mache ich es immer, und so habe ich es auch bei der griesgrämigen Gräfin gehalten – ich habe mir einfach vorgestellt, wie sie zufrieden mit ihren wunderschönen neuen Kleidern vor dem Spiegel steht. Und genauso ist es dann auch gekommen.«

So ganz passend schien Pablo der Vergleich zwischen Don Rodrigo und der Gräfin nicht zu sein, aber er spürte Marias Verständnis und ihre Zuversicht, die seine Stimmung aufhellten. Und vielleicht hatte sie ja auch recht, dachte er dann. Auf jeden Fall konnte es nichts schaden, wenn er sich möglichst lebhaft das Ergebnis vorstellte, das er bei seinen Verhandlungen erreichen wollte.

Don Rodrigo war der Sohn von Don Pedros ältestem Freund Fernando, der eine der größten Handelskompanien des Landes aufgebaut hatte und vor einigen Wochen in der Provinzhauptstadt verstorben war. Die Nachricht vom Tod seines Freundes hatte Don Pedro schwer getroffen und seinen

Lebensmut noch weiter untergraben. Don Rodrigo dagegen, Fernandos Sohn und Erbe, strotzte vor Unternehmungslust und brannte darauf, die Handelsbeziehungen auf die neu entdeckten Länder auszudehnen. Hierfür benötigte er eine noch unbestimmte Anzahl von Karacken. Mit Rücksicht auf die alte Freundschaft zwischen Don Fernando und Don Pedro war er bereit, diesen Auftrag nach Puerto Nuevo zu vergeben – allerdings nur dann, wenn er von keiner anderen Werft ein besseres Angebot bekam. Don Rodrigo war ein gerissener Fuchs und hatte schon zu Lebzeiten seines Vaters einen Teil der Handelskompanie geleitet. Und natürlich war er als Kaufmann hundert Mal erfahrener als Pablo, der jetzt mit kläglicher Miene vor Maria stand.

»Halt still«, befahl sie ihm mit gespielter Strenge, »sonst schlottert dein Gewand noch schlimmer als deine Knie, wenn du an Don Rodrigo denkst.« Mit dem Zollband maß sie den Umfang von Hals, Brust und Taille ihres Liebsten sowie die Länge seiner Beine und Arme. Danach entwand Pablo ihr das Messband, und sie tanzten lachend und kreischend in der Schneiderstube umher, und für einige Minuten vergaß Pablo, was für eine Prüfung ihm bevorstand. Dann stand plötzlich Don Carlos vor ihnen, und Pablo murmelte eine Entschuldigung und schlich zur Tür hinaus, gefolgt von Maria, deren Wangen glühten.

»In drei Tagen ist dein neuer Anzug fertig«, versicherte sie ihm, zog ihn ins Dunkel des Hausgangs und küsste ihn so feurig, dass er sich für einige weitere süße Augenblicke vergaß.

In der folgenden Woche fuhr Pablo in Don Pedros Kutsche übers Land, der Provinzhauptstadt entgegen. Nach ihrer Ankunft vor dem Gasthof, sprang er aus der Kutschkabine und eilte sogleich auf sein Zimmer, ohne sich lange mit der Begrüßung der Wirtsleute aufzuhalten. Während er in seiner Kammer auf und ab ging, wurde er immer aufgeregter, und seine Kehle war plötzlich staubtrocken. Er riss sich das Reisegewand vom Leib und rief nach dem Kutscher, der stöhnend und ächzend seinen Koffer die engen Stiegen hinaufschleppte. »Danke, Antonio«, sagte er, »sieh es mir nach, falls ich dir heute etwas ruppig erscheinen sollte.«

Pablo trat vor den Waschtisch und klatschte sich einige Hände lauwarmes Wasser ins Gesicht, dann nahm er den neuen Anzug aus seinem Koffer und kleidete sich an. Während er sich im Spiegel betrachtete, fiel ihm ein, was Maria von der Gräfin erzählt hatte. Mir ergeht es ganz ähnlich, Maria, sprach er zu seinem Spiegelbild und musste grinsen – in diesem Anzug fühle ich mich so stark, als ob du hier bei mir wärst und mich als gute Fee zu Don Rodrigo begleiten würdest. Er warf einen Blick auf die silberne Taschenuhr, die ihm Don Pedro zu seinem dreiundzwanzigsten Geburtstag geschenkt hatte. Gleich drei Uhr.

Wenig später hielt die Kutsche vor einem riesengroßen Haus im Zentrum der Provinzhauptstadt. Pablo sah staunend an der kostbar verschnörkelten Fassade empor, und die Knie wollten ihm schon wieder weich werden. Als er durch das mit Schnitzereien geschmückte Portal in die Vorhalle der Handelskompanie trat, wurde ihm noch mulmiger zumute. Allein dieser Empfangsraum – eine Marmorhalle mit riesigen Wandgemälden von voll beladenen Handelsschiffen.

Eingeschüchtert trat Pablo zu dem Tresen aus Mahagoni und bat den dahinter thronenden Mann im grauen Gewand, ihn bei Don Rodrigo anzumelden. Er musste eine kleine

Ewigkeit lang warten, bis ihn der mächtige Handelsherr zu sich bitten ließ. Während dieser Zeit ging Pablo in Gedanken seinen Verhandlungsplan durch, den er mit Don Pedro in allen Einzelheiten besprochen hatte.

Vermutlich würde Don Rodrigo zwei oder sogar drei Karacken benötigen, und natürlich würde der Stückpreis umso geringer ausfallen, je größer die Anzahl der bestellten Schiffe war. Schließlich hatten sie auf Gulden und Heller festgelegt, wie viel er mindestens für jedes Schiff verlangen musste. »Mach dich nicht verrückt, Junge, Rodrigo ist kein Unmensch, der uns zu ruinieren versucht, sondern der Sohn meines ältesten Freundes. Unser günstigstes Angebot, mit dem du aber nur im Notfall herausrücken wirst, ist weit geringer als die Preise, die mir sein Vater immer, ohne zu murren, gezahlt hat. Wenn er damit nicht einverstanden ist, soll er sich seine Schiffe selber bauen!«

Während Pablo noch im Stillen Zwiesprache mit Don Pedro hielt, flog am anderen Ende der Marmorhalle eine Flügeltür auf. »Don Pablo, alter Freund!« Auf der Schwelle erschien mit forschem Grinsen Don Rodrigo. »Worauf wartet Ihr, kommt herein zu mir!«

Pablo durchquerte die Marmorhalle, und mit jedem Schritt, den er Don Rodrigo näher kam, schien der Kaufmann breiter und größer zu werden. Er streckte Pablo die Hand entgegen. »Wir werden die Tradition unserer alten Herren weiterführen – was sagst du, Don Pablo?«

Es war Pablo unangenehm, dass Don Rodrigo ihn mehr oder weniger als Don Pedros Sohn zu betrachten schien. Aber noch unbehaglicher hätte er sich gefühlt, wenn er den Standesunterschied zwischen ihnen beiden hervorgekehrt und auf ihre erste Begegnung angespielt hätte, als Pablo noch ein Lehrjunge gewesen war. Doch alle Bedenken waren sofort vergessen, nachdem Don Rodrigo ihn in sein Kontor gebeten und mit einem Begehren überrumpelt hatte, das Don Pedro und ihm bei ihren Besprechungen nicht in den Sinn gekommen war.

»Wie schnell könnt Ihr mir eine Flotte von – sagen wir fürs Erste – zwanzig Karacken liefern?«

Zwanzig Karacken? Pablo starrte Don Rodrigo an, der breitbeinig und zähnefletschend inmitten seines protzigen Kontors stand, die Daumen in seine Samtweste eingehängt. »Aber Don Pedro und ich dachten«, brachte Pablo endlich hervor, »dass Ihr zwei oder allenfalls drei Karacken benötigt.«

»Zwei oder drei lächerliche Schiffe? Das ist nicht Euer Ernst, mein Freund. Ihr scheint nicht zu wissen, wie weltumspannend unsere Handelsbeziehungen sind. Es gibt kaum etwas auf der Welt, womit unsere Kompanie nicht handeln würde, ob Salz oder Safran, Gold oder Juwelen, Damast oder Seide. Unsere Gesellschaft ist eine der größten des Landes, und niemand außer uns ist imstande, die gewaltigen Herausforderungen zu meistern, die durch die Entdeckung der neuen Länder entstanden sind.« Er hielt inne und sah Pablo bedeutungsvoll an. »Ich will, dass mein Unternehmen so schnell wie möglich einen regelmäßigen Handelsverkehr mit den neuen Ländern jenseits des Ozeans aufnimmt. Hierfür benötige ich eine Flotte von mindestens zwanzig Karacken, jede davon mit achtzig Bronzekanonen und Euren vortrefflichen Geschützpforten ausgestattet.« Er fuhr sich mit dem Zeigefinger den Rücken seiner Nase entlang, sprach aber nicht mehr weiter, sondern blickte Pablo unverwandt und voller Erwartung an.

Was sollte er Don Rodrigo nur antworten? Welche Strategie sollte er anwenden? Auf diese Situation war er durch Don Pedro nicht im Entferntesten vorbereitet worden. Wären sie überhaupt in der Lage, eine so ungeheure Menge von Schiffen zu bauen? Und wie weit durfte er sich beim Stückpreis drücken lassen, nun, da es buchstäblich um die zehnfache Menge ging? »So, wie die Werft momentan ausgerüstet ist, könnten wir drei, vielleicht vier Schiffe im Jahr bauen«, sagte er schließlich zögernd. Schon diese Zahl schien ihm mehr als ehrgeizig, aber Don Rodrigo plusterte sich noch mehr auf.

»Lächerlich! Soll ich jahrelang auf meine Flotte warten?«

Pablo warf ihm einen kurzen Blick zu, aber Don Rodrigo sah ihn immer noch brennend an. Er trat ans Fenster und blickte auf die Straße hinaus, wo die Kutschen vorüberjagten. Verglichen mit der Provinzhauptstadt, war Puerto Nuevo ein verschlafenes Nest. Wenn wir noch weitere Zimmerleute anstellen, dachte Pablo, und den vierten Bauplatz einrichten, den ich Don Pedro schon vor einem Jahr ans Herz gelegt habe ... »Fünf«, sagte er, und im gleichen Moment stockte ihm schier der Atem. Fünf Schiffe?, dachte Pablo. Ja, hatte er denn völlig den Verstand verloren? In seinem ganzen bisherigen Schiffsbauerleben hatte er mit Müh und Not acht oder neun Schiffe bauen helfen, und jetzt gelobte er aus der hohlen Hand, jährlich fünf Karacken zu bauen? Er räusperte sich, drehte sich wieder zu Don Rodrigo herum und fügte mit krächzender Stimme hinzu: »Vorausgesetzt natürlich, Don Rodrigo, dass wir uns über den Preis einig werden.«

»Und der wäre?« Sein Gegenüber sah auf einmal aus, als ob er mit Gewalt ein Grinsen unterdrücken müsste. Und da fiel es Pablo wieder ein, dass Don Rodrigo ein Mann war, der sich zu unbedachten Abenteuern hinreißen ließ. Eine innere Stimme rief ihm zu, dass er selbst im Begriff war, sich in ein solch verrücktes Abenteuer zu stürzen, und besser gleich sagen sollte, dass sie so viele Schiffe in so kurzer Zeit nicht herstellen könnten. Aber wenn er jetzt den Rückzug antrat, dann war die Werft rettungslos verloren. Und hatte nicht auch Maria ihm geraten, sich nicht damit herumzuquälen, was alles schiefgehen könnte, sondern sich lieber mit ganzer Kraft auf sein Ziel zu konzentrieren, das er erreichen wollte? Und so griff er schließlich auf einen von Don Pedros Ratschlägen zurück und nannte einen deutlich überhöhten Stückpreis – damit am Ende auch noch etwas übrig bliebe, nachdem Don Rodrigo ihn erbarmungslos heruntergehandelt hätte. »Zweitausend Gulden.«

»Zweitausend!«, trompetete Don Rodrigo. »Mehr als achthundert kommen überhaupt nicht infrage!«

Achthundert waren immerhin nur hundert Gulden weniger, als Don Pedro ihm als unterste Grenze genannt hatte – für einen Auftrag von zwei oder drei Karacken, während sie hier von zwanzig Schiffen sprachen. Langsam wurde Pablo bewusst, dass er mittlerweile von einer Art Jagdfieber gepackt worden war. Aufrecht postierte er sich vor Don Rodrigo und verlangte mit fester Stimme: »Tausendfünfhundert.«

»Lächerlich! Aber versuchen wir es einmal anders – wie sähe die Sache denn aus, werter Don Pablo, wenn ich meine Bestellung sofort auf dreißig Schiffe erhöhen würde?« Pablo musste sich an der Fensterbank festhalten, so schwindlig war ihm mit einem Mal. »In diesem Fall«, fuhr Don Rodrigo fort, »könnte ich Euch neunhundert Gulden für jede Karacke bezahlen, vorausgesetzt, dass Ihr mir sechs Schiffe jährlich liefert.«

Schließlich einigten sie sich darauf, dass sie binnen sechs Jahren dreißig Karacken an Don Rodrigo liefern sollten, bei einem Stückpreis von tausend Gulden, jeweils bei Abholung zu begleichen.

Als Pablo am Abend auf sein knarrendes Gasthausbett fiel, überwog der Eindruck, dass er einen glänzenden Handel für Don Pedro abgeschlossen hatte – falls es ihnen gelang, die wahnwitzige Stückzahl von fünf Schiffen jährlich in gleichbleibender Qualität herzustellen, und falls Don Rodrigos Handelskompanie in dieser Zeit nicht in Schwierigkeiten geriet, sondern für jedes gelieferte Schiff pünktlich und vollständig bezahlte.

Zur Mitternachtsstunde sah er ein, dass er in dieser Nacht kein Auge mehr zubekommen würde. Er setzte sich an den kleinen Tisch, zündete die Lampe an und erstellte eine Liste der Aufgaben, die sie unverzüglich in Angriff nehmen mussten. Als Erstes mussten sie acht oder besser noch zwölf weitere Schiffszimmerleute einstellen. Außerdem mussten sie Tonnen hochwertiger Hölzer und andere Baustoffe einkaufen, von Eisenwaren über Kautschuk und Holznägel bis hin zu einem halben Hektar Segeltuch für Rah-, Fock- und Lateinersegel. Der Morgen dämmerte schon, als Pablo begann, die Kaufpreise für die einzelnen Posten überschlägig zusammenzurechnen. Die Summe war Furcht einflößend hoch. Hatte er Don Pedros Werft gerettet? Oder hatte er sie Don Rodrigo, der ihm im Rückblick wie ein riesiger Königsgeier erschien, zum Fraß vorgeworfen? Mit klopfendem Herzen und vor Übermüdung brennenden Augen sah Pablo durch das Fenster gerade die Sonne über der Provinzhauptstadt aufgehen.

Die Wochen und Monate nach dieser folgenreichen Reise verlebte Pablo wie im Rausch. Er arbeitete Tag und Nacht, verhandelte mit Banken und Geldverleihern, Holzhändlern und Schmieden, Tuchmachern und Kanonenbauern, führte mit Dutzenden von Bewerbern Gespräche und stellte schließlich acht neue Zimmerleute und drei Lehrlinge ein. Er ließ die Arbeiter zwei weitere Schiffsbauplätze errichten, und eine riesige neue Halle, um die gewaltigen Mengen an Baustoffen zu lagern.

Vor jeder Entscheidung besprach er sich mit Don Pedro, aber der alte Schiffsbauer war nur noch ein Schatten seiner selbst. Dennoch hielt Pablo an seiner Gewohnheit fest und unterrichtete ihn über jeden seiner Schritte. Abends eilte er, wenn er auch nur eine Stunde erübrigen konnte, hinüber zum Hafen von Puerto Nuevo, wo Maria und ihr Vater Don Carlos wohnten. Nachdem er den Schneidermeister begrüßt und Maria geküsst hatte, ging er mit ihr noch eine Weile in den Gassen spazieren und berichtete ihr, was sich an diesem Tag ereignet hatte. Jetzt, da Don Pedro kaum mehr ansprechbar war, wurde Maria zu Pablos wichtigster Ratgeberin. Don Rodrigos Auftrag barg schreckliche Gefahren, aber auch großartige Möglichkeiten, und laut Maria war Pablo gar keine andere Wahl geblieben. Denn ohne diesen Auftrag wäre Don Pedros Werft dem Untergang geweiht gewesen, und dank Don Rodrigo bekamen sie zumindest noch eine Chance. So betrachtete sie es jedenfalls, und ihre nüchterne Anschauung wirkte auf Pablos aufgewühlte Seele wie Balsam.

Maria war die Liebe seines Lebens, und sie empfand das Gleiche für ihn. Im Grunde hatten sie es beide schon bei ihrer ersten Begegnung gespürt. Ohne sie wäre ihm damals nicht die Erleuchtung gekommen, und ohne Maria hätte er gewiss auch nicht die Zuversicht aufgebracht, die Werft Tag für Tag zu steuern. Er begehrte sie, wie er niemals zuvor eine Frau begehrt hatte, und nun stand für sie beide fest, dass sie so bald wie möglich heiraten wollten. Immer öfter sprachen sie davon, wie sie sich ihre gemeinsame Zukunft vorstellten. Maria wünschte sich fünf Kinder, zwei Jungen und drei Mädchen. Pablo stimmte ihr nur allzu gerne zu – als Kind hatte er oft davon geträumt, im Kreis von Geschwistern aufzuwachsen. Sie malten sich gemeinsam aus, wie wundervoll es sein würde, eine Familie zu gründen. Don Pedro hatte recht: Seine berufliche Bestimmung zu finden rief ein großartiges Glücksgefühl hervor, aber ebenso wichtig war es, in Liebesdingen Erfüllung zu finden – eine einfühlsame Partnerin, mit der man Lebensträume gemeinsam verwirklichen konnte, die man liebte und begehrte, mit der man Probleme und Krisen durchstehen, einen Kreis unerschütterlichen Vertrauens bilden konnte.

Wenn Pablo spätabends zurück zur Werft ging, auf seinem Mund noch den Geschmack von Marias Lippen, fühlte er sich von unerschöpflicher Kraft erfüllt. Mehr als ein paar Stunden Schlaf brauchte er nicht, lange vor der Morgendämmerung saß er schon wieder im Kontor und zeichnete. Obwohl er sich nun von morgens bis abends um den Bau der Karacken kümmern musste, fand er zwischen Mitternacht und Morgengrauen doch immer noch ein wenig Zeit, um an seinen Plänen für das größte Schiff der Welt zu zeichnen.

Die neuen Arbeiter trafen ein und wurden von Pablo eingewiesen. Kutschen und Schiffe voll bestellter Waren steuerten die Werft an, und Pablo prüfte eigenhändig die Güte der Hölzer oder debattierte mit dem Betreiber der Metallwerkstatt, der ihnen angeblich kaum mehr rostende »Krägen« für die Geschützpforten geliefert hatte. Nebenher bildete er die drei neuen Lehrlinge aus und erfüllte sie durch sein Vorbild mit solchem Eifer und solcher Lernbegierde, dass es eine wahre Freude war, mit diesen jungen Burschen zu arbeiten.

Währenddessen saß Don Pedro immer noch stundenweise oben am Fenster und starrte mit trüben Augen auf die Strandwerft hinunter, wo in atemberaubendem Tempo fünf Karacken gleichzeitig entstanden.

Am Ende dieses turbulenten Jahres, in dem Pablo kaum jemals zu Atem kam und sich doch glücklicher und erfüllter fühlte als jemals zuvor in seinem Leben – geschah zum Jahresende dreierlei: Don Rodrigo schickte fünf Kapitäne nebst Besatzung nach Puerto Nuevo, um die ersten fünf Schiffe abholen zu lassen. Kurz darauf traf eine Kutsche, eskortiert von einem Dutzend schwer bewaffneter Büttel, bei der Werft ein, und Pablo wurde eine beschlagene und dreifach verschlossene Truhe mit zweitausend Gulden ausgehändigt. Auf einem beigelegten Blatt versicherte Don Rodrigo, dass er die fehlenden dreitausend Gulden in Kürze bezahlen werde, selbstverständlich mit den vereinbarten Zinsen. Die fürs Erste erlöste Summe reichte mit knapper Not aus, um die Schulden der Werft bei den Geldverleihern zu begleichen und den mittlerweile fast vierzig Arbeitern und Lehrlingen ihre Löhne auszuzahlen. Pablo machte sich keine Sorgen, bisher war alles gut gegangen, und er fühlte sich immer noch wie berauscht von den Kämpfen und Siegen, Erfahrungen und Erfolgen des zurückliegenden Jahres.

Am folgenden Sonntagabend fiel Pablo vor Maria auf die Knie und bat sie, seine Gemahlin zu werden. Maria kniete sich mit glühenden Wangen ihm gegenüber auf den Boden der Schneiderstube und bat Pablo, ihr Gemahl zu werden. Dann sagten beide gleichzeitig Ja und fielen einander um den Hals. Sie wurden erst am folgenden Morgen von einem verdutzten Schneiderlehrling wieder gesehen, der im Tuchlager auf dem Dachboden zwei zerzauste Gestalten unter Damast- und Seidenballen hervorkriechen sah.

Und zwölf Wochen später standen Pablo und seine angetraute Frau Maria mit rot geweinten Augen auf dem Friedhof von Puerto Nuevo und sahen zu, wie die Totengräber Don Pedros Sarg in der Erde vergruben. Das Testament, das drei Tage vorher von einem Notar eröffnet worden war, wies Pablo als Don Pedros Alleinerben aus.

# KAPITEL 8

## *Mit ganzer Kraft*

Trauer über Don Pedros Tod verdüsterte alles, sie lag über der Werft wie ein riesiges schwarzes Segeltuch. Wochen- und monatelang konnte Pablo im Haupthaus keinen Schritt machen, keinen Gegenstand ansehen, ohne sich schmerzlich an Don Pedro erinnert zu fühlen. Mehr als ein halbes Jahrhundert lang hatte er hier gelebt und gewirkt. Es war das erste Mal, dass Pablo die Unerbittlichkeit des Todes erfuhr, und oftmals spürte er einen Kloß im Hals, wenn ihm plötzlich wieder klar wurde, dass der alte Werftbesitzer nie mehr zurückkehren würde. Sein väterliches Lächeln, sein leiser Spott, seine beiläufigen Ratschläge – alles vorbei, für immer vorbei. Pablo hatte Don Pedro geliebt wie einen Vater, ja in gewisser Weise sogar inniger als seinen eigenen Vater, der nie verstanden hatte, was sein Sohn sich erhoffte und wovon er träumte.

Und zur gleichen Zeit, da in der Werft die Rufe gedämpfter tönten, Scherz und Gelächter nur selten erklangen – zur gleichen Zeit wuchs in Marias Leib ein neuer kleiner Mensch heran. Wenn es ein Junge würde, sollte ihr Kind den Namen Pedro bekommen, das stand für beide von Anfang an fest. Maria bewegte sich in Don Pedros Haus, das nun zu ihrem neuen Heim geworden war, vom ersten Tag an mit einer ruhigen Selbstverständlichkeit, und jeder empfand, dass ihre neue Lebensrolle wie maßgeschneidert zu ihr passte. Nun, da Don Pedro verstorben war, brauchte Pablo mehr denn je ihren einfühlsamen und klarsichtigen Rat. Sie half ihm im Kontor bei seinen Aufstellungen und Berechnungen, korrespondierte mit Holzhändlern und Kanonenbauern, empfing Abgesandte in

Don Pedros Salon mit den altersdunklen Wandgemälden und machte allmorgendlich zusammen mit Pablo die Runde durch die Werft. Das Kind in ihrem Leib wuchs und wuchs, und ebenso wuchsen freilich auch die Sorgen des jungen Ehepaars. Denn ein ganzer Monat war vergangen, seit Don Rodrigos Kapitäne die Schiffe abgeholt hatten, und der größte Batzen des überfälligen Betrages stand immer noch aus.

Anfangs hatte sich Pablo nichts dabei gedacht. Don Rodrigo war ein vermögender Mann, das bestätigte ihm jeder, der den Namen seiner Kompanie jemals vernommen hatte. Schließlich, als die Wochen verstrichen, ohne dass der ausstehende Betrag bezahlt wurde, zog er diskrete Erkundigungen ein. Er ließ sich von den gewaltigen Unternehmungen und Plänen des Handelsherrn berichten und überlegte, ob diese Nachrichten nun beruhigend oder furchterregend klangen. Jedenfalls erklärten sie, weshalb Don Rodrigo seine Gelder ein wenig strecken musste. Nach dem Tod seines Vaters hatte er begonnen, die Handelsbeziehungen in alle Himmelsrichtungen gleichzeitig auszudehnen. Er hatte nicht nur neue Schiffe bestellt, sondern auch ein halbes Hundert Flusskähne und zweihundert sechsspännige Kutschen. Vorläufig blieb Pablo allerdings nichts anderes übrig, als erneut Baustoffe für die nächsten fünf Karacken einzukaufen, die sie Don Rodrigo zum Jahresende liefern mussten.

Die Testamentseröffnung hatte auch ergeben, dass Don Pedro nicht annähernd so vermögend gewesen war, wie Pablo angenommen hatte. Außer dem Wohnhaus samt Nebengebäuden und den Werftanlagen umfasste sein Erbe lediglich einige hundert Gulden. Diese Summe wäre Pablo vor Kurzem noch wie ein königlicher Schatz erschienen, doch jetzt reichte sie gerade aus, um die ersten Lieferungen zu begleichen.

Da Don Rodrigos Geldbote weiterhin ausblieb, mussten sie sich neuerlich an die Geldverleiher halten. Im schwarzen, weit geschnittenen Kleid, das Schwangerschaft und Trauer gleichermaßen angemessen war, empfing Maria Geldhändler und Bankiers, in deren Redeweise sich Dreistigkeit und Unterwürfigkeit unentwirrbar mischten. Nachdem die Werft im letzten Jahr pünktlich alle Schulden zurückgezahlt hatte, erhielten sie ohne langes Bitten und Betteln den gewaltigen Betrag, den sie benötigten, um die Materialien für die nächsten fünf Schiffe zu kaufen. Freilich grenzte der Zinssatz an Wucher, und immer öfter lag Pablo in den Nächten schlaflos neben Maria und fragte sich, wann Don Rodrigo endlich zahlen würde.

Unterdessen wuchsen die Gerippe der fünf nächsten Karacken auf den Bauplätzen empor. Die Trauer um Don Pedro verblasste ein wenig, und während das Kind in Marias Bauch bereits energisch strampelte, traf endlich, endlich ein Bote von Don Rodrigo ein.

Pablo und Maria empfingen ihn im Salon der Werft, aus dem sie die dunklen Ölgemälde entfernt hatten. Stattdessen hingen nun gerahmte Leintücher an den Wänden, die Maria eigenhändig mit bunten, kühn geschwungenen Linien versehen hatte. Auf diese Weise wirkte der Raum viel heller und freundlicher als früher. Umso finsterer wurde allerdings Pablo und Maria zumute, als der Bote seine verdächtig schmale Schatulle auf den Tisch stellte und vor ihren Augen umständlich aufschloss. Sie enthielt keinen einzigen Gulden, sondern lediglich einen knappen Brief von Don Rodrigos Sekretär. Die Handelskompanie sei derzeit nicht imstande, ihren Verpflichtungen nachzukommen, und ersuche daher ihre Geschäftspartner höflichst, alle begonnenen Arbeiten einzustellen und alle aufgelaufenen Forderungen zu stunden.

Don Rodrigo war ruiniert. Und mit seinem Zusammenbruch würden auch sie unweigerlich untergehen. Diese Botschaft las Pablo in den gleichgültigen Augen des Abgesandten und in der entsetzensstarren Miene Marias, die ihre Hände vor ihrem Leib verschränkt hielt, wie um das ungeborene Kind vor dem Unglück zu schützen, das er, Pablo, über sie gebracht hatte.

Marias und Pablos Tochter kam im Frühjahr zur Welt. Sie nannten sie Elisa, und beide waren so entzückt über die Ankunft des vollkommenen Mädchens, dass auch Pablo, wenn er Elisa im Arm hielt und auf ihr pausbäckiges Gesicht hinablächelte, für ein paar Augenblicke seinen Kummer vergaß.

Doch bald schon packte ihn wieder die Unruhe, er sprang auf, reichte Maria das strampelnde Bündel und lief aus dem Haus. Stundenlang streunte er durch die Höfe, Hallen und Werkstätten seiner Werft, in der sich kein Hammer oder Hobel mehr rührte. Das Schreckliche war Wirklichkeit geworden. Er hatte alle Zimmerleute, alle Arbeiter und die Lehrlinge nach Hause schicken müssen, denn auf der Werft gab es nichts mehr für sie zu tun. Schlimmer noch, er hatte sie bitten müssen, ihm ein wenig Zeit zu geben – natürlich werde er auf Gulden und Heller die ausstehenden Löhne bezahlen, nur jetzt im Moment könne er keinen Groschen aufbringen. Schmach und Schande über mich, dachte Pablo, niemals würde er die Angst und Enttäuschung in den Gesichtern der Männer vergessen, deren Wohl oder Wehe seit jeher in der Hand des Werftbesitzers lag. Doch während Don Pedro die Werft ein Leben lang durch alle Wirrungen gesteuert hatte, hatte Pablo das Unternehmensschiff schon beim allerersten Hindernis auf Grund gesetzt.

Er ging zwischen zwei Schiffsbauplätzen hindurch, auf denen die Gerippe der Karacken wie Skelette riesiger Ungeheuer in den Himmel ragten, und blieb am Strand stehen, die Arme vor der Brust verschränkt. Ich bin ein erbärmlicher Narr, dachte er, ich habe mich selbst getäuscht und alle anderen enttäuscht, auch Maria – ich spüre es, auch wenn sie es sich nicht anmerken lässt, wie sehr sie unter diesem Zusammenbruch leidet. Er starrte aufs Meer hinaus, ohne etwas zu sehen, blinzelte nur ab und zu gegen die Tränen an, Tränen der Wut, der Scham, des Selbstmitleids.

Anfangs hatte er geglaubt, dass es nicht so schwer sein könne, einen Käufer für die Karacken zu finden. Aber es war wie verhext. An welche Reeder Maria und er sich auch wandten, jedes Mal erhielten sie die kühle Antwort, derzeit bestehe kein Bedarf. Zu Don Pedros Zeiten wäre es unvorstellbar gewesen, überall hin flehentliche Briefe zu verschicken. Die Lager waren voll mit Materialien, aber sie hatten keinen Auftraggeber und in der Kasse keinen versilberten Knopf mehr. Die Arbeiter saßen mit ihren Familien in ihren Hütten und kauten am vorletzten Kanten Brot, während die Geldhändler und die Bankiers unruhig wurden, weil die monatlichen Raten ausblieben.

Pablo ließ die Arme sinken, wandte sich zur Seite und wollte den Strand entlanglaufen, um das Durcheinander in seinem Kopf zu klären. Doch kaum war er ein paar Schritte gegangen, als er mit dem Fuß gegen einen harten Gegenstand prallte, der in den Sand eingewühlt lag. Tatsächlich war da wieder so eine silberfarbene Kugel, wie er sie bereits an den verschiedensten Orten gefunden hatte. Er zog sie aus ihrer Mulde hervor, wischte sie am Ärmel blank und sah sie aufmerksam an. Zu seinem Erstaunen erblickte er ein Gesicht, das seinem eigenen aufs Haar glich, ein hageres Antlitz, das in den sorgenvollen Monaten, die hinter ihm lagen, alle jugendliche Weichheit verloren hatte.

»Was ist denn mit dir los?«, fragte ihn der Mann in der Kugel. »Du siehst ja schrecklich aus.«

Da brach aller Kummer aus Pablo heraus. »Mir geht es auch furchtbar schlecht.« Ein Schluchzer stieg aus seiner Kehle auf. »Ich habe geglaubt, dass ich dazu bestimmt wäre, ein Schiffsbauer zu werden, aber ich habe alles falsch gemacht. Und jetzt ist die Werft ruiniert! Besser wäre ich ein einfacher Zimmermann geworden, dann hätte ich zumindest nur mich selbst in den Abgrund gerissen, und nicht vierzig Männer und ihre Familien mit mir, die alle an mich geglaubt haben! Und was das Allerschlimmste ist – ich habe Maria geheiratet, wir haben ein Kind bekommen, und jetzt sind wir bettelarm!«, jammerte er. »Die Werft ist an die Geldverleiher verpfändet. Ach, was für eine Schande ich über uns gebracht habe, was für ein Prahlhans und Narr ich doch war – der größte Schiffsbauer auf der ganzen Welt wollte ich werden und habe in einem einzigen Jahr alles zerstört, was Don Pedro in fünfzig Jahren aufgebaut hat! Verdammt noch mal, wäre ich doch in meinem Fischerdorf geblieben!«

»Also glaubst du, dass du dich auf dem falschen Weg befindest – dass es dir gar nicht bestimmt war, Schiffsbauer zu werden?«

Tränen quollen aus Pablos Augen hervor. »Nein, nein, es ist mein Weg«, schluchzte er, »ich will Schiffe bauen, nichts auf der ganzen Welt macht mich glücklicher. Es ist der Traum meines Lebens, und er schien zum Greifen nah – doch jetzt ist er wieder unerreichbar fern!«

»Warum kämpfst du dann nicht wie früher, um deinen Traum zu verwirklichen?«

»Nichts würde ich lieber tun als kämpfen – wenn ich nur wüsste, um welche Kehle ich meine Hände legen müsste, ich würde nicht zögern, den Schurken niederzuringen, der mich von meinem Weg abgedrängt hat!« Zornig schloss Pablo seine Hand um die Kugel, als ob sie der Gegner wäre, den es zu zerquetschen galt. Doch als sich seine Finger wieder öffneten, erblickte er im silbrigen Spiegel wieder nur das seinem eigenen so ähnliche Gesicht, das ihm forsch entgegensah.

»Das nennst du kämpfen? Wenn du sicher bist, auf dem dir bestimmten Weg zu sein – warum setzt du dann nicht deine ganze Kraft ein, auf deinem Weg weiter voranzukommen, allen Widrigkeiten zum Trotz?«

»Ich überlege ja Tag und Nacht, was ich tun könnte, doch es fällt mir einfach nichts Rettendes ein!«

»Dann wird dir wohl nichts anderes übrig bleiben, als dich mit deinem Elend abzufinden.«

Pablo wischte sich mit dem Handrücken über die Augen und sah die Kugel zornig an. »Niemals!«, rief er aus. »Und wenn ich alle Reeder auf der ganzen Welt aufsuchen muss, ich werde schon jemanden finden, der mir diese verdammten fünf Karacken abkauft.«

»Und das soll die Lösung sein?«

»Ja, was denn sonst!« Pablo war jetzt so wütend auf diesen hartnäckigen Frager, dass er sein Selbstmitleid ganz vergessen hatte. Auch seine Tränen waren versiegt, stattdessen kochte in seinem Innern der Zorn. »Wenn der Käufer der Schiffe pleitegegangen ist, muss ich eben einen anderen Abnehmer finden, das liegt doch auf der Hand!«

»Aber war das denn dein Traum – ungeheure Mengen der immer gleichen Schiffe zu bauen und zu verkaufen?«

»Nein, natürlich nicht! Darauf habe ich mich ja nur eingelassen, weil … na, weil es eben gerade keine andere Möglichkeit gab!«

»Und jetzt?«

»Und jetzt, und jetzt! Was soll das heißen – und jetzt? Jetzt sitze ich hier auf dem Trockenen, mit den fünf Karacken und riesigen Mengen von Baumaterialien! Und meine Arbeiter sitzen zu Hause und …«

»Genau, alles ist vorhanden«, sagte der Mann in der Kugel.

Pablo lag schon eine heftige Entgegnung auf der Zunge, doch als er den Eisenball hin und her wendete, war es abermals nur eine gewöhnliche Kugel mit einer silbrigen Oberfläche, die verschwommen sein Gesicht widerspiegelte. Wieder begann sein Herz unvermittelt heftig zu schlagen wie damals, als er am Strand von Puerto Nuevo die dritte Kugel gefunden hatte. Jetzt sind es also vier solcher Silberkugeln, dachte Pablo. Was hat das nur zu bedeuten? Kann es denn etwas anderes als schicksalhafte Fügung sein, dass es genau so viele Kugeln sind, wie ich als Jongleur in der Luft zu halten vermag? Nein, es kann kein Zufall sein, dachte Pablo, es muss mit dem Geheimnis der fünften Kugel zusammenhängen.

»Es ist alles vorhanden«, der Satz hallte in ihm nach, während er von der Strandwerft zurück zum Haupthaus ging, wo sich seine Kladden auf dem Haupttisch stapelten, gefüllt mit Hunderten von Skizzen und Berechnungen zum größten und gewaltigsten Schiff der Welt. In der Schublade darunter lagen die drei anderen Kugeln, die er hier sorgsam verwahrt hielt, auch wenn er in den letzten Monaten kaum mehr an sie gedacht hatte. Pablo nahm sie heraus, zog die vierte Kugel aus seiner Hosentasche und begann zu jonglieren. Maria schaukelte die Wiege, in der das kleine Mädchen lag und schlief. Ab und an ließ es einen leisen Seufzer hören, so, als ob es mit seinen Eltern litte.

»Es tut mir so leid, Maria«, sagte Pablo und ließ den Kopf hängen. »Ich schäme mich so sehr, weil ich ein schlechter Ehemann und Familienvater bin – anstatt dir und Elisa ein sicheres, beschützendes Heim zu bieten, habe ich uns alle ins Elend gestürzt!« Er wollte schon wieder anfangen zu jammern, doch Maria schnitt ihm mit einer Handbewegung das Wort ab.

»Das sehe ich anders, Liebster«, sagte sie ganz ruhig. »Ich habe dich nicht nur geheiratet, weil ich dich liebe, sondern ebenso, weil ich schon bei unserer ersten Begegnung gespürt habe, dass etwas ganz Besonderes in dir steckt.« Ein Lächeln ließ ihre Augen blitzen. »Aber noch sehr viel deutlicher habe ich damals schon gesehen, dass du allein auf deinem Weg keine fünf Schritte weit vorankommen würdest, weil du ein Träumer bist, mein lieber Pablo, der über seinen prächtigen Schiffsbauplänen zuweilen die naheliegendsten Dinge übersieht.« Sie erhob sich. »Wenn du mir jemals Grund zu der Befürchtung gegeben hättest, dass du mich und unsere Kinder wie ein gewöhnlicher Ehemann und Familienvater behandeln wolltest, dann hätte ich dir nie das Jawort gegeben.«

Pablo öffnete den Mund und wollte etwas entgegnen, aber sie ließ ihn immer noch nicht zu Wort kommen.

»Vom ersten Moment an, wusste ich, dass du eine Ehefrau brauchen würdest, die dir mit Rat und Tat zur Seite steht und die dir notfalls einen kräftigen Schubs versetzen kann, wenn es einmal nicht so vorangeht, wie du dir das vorgestellt hast, und Selbstmitleid oder Selbstzweifel dich niederdrücken wollen.« Sie legte ihm die Hände um den Nacken und zog seinen Kopf zu sich herab. »Und jetzt küss mich, Pablo, gib mir einen liebevollen Kuss, wie du es immer machst, ehe du dich für den Rest der Nacht zu der heimlichen Geliebten schleichst, mit der du mich meistens zwischen Mitternacht und Morgengrauen betrügst.« Pablo schaute sie nur mit großen Augen an. »Ja, glaubst du denn im Ernst, dass du irgendein Geheimnis vor mir bewahren könntest?«, fragte Maria mit einem zärtlichen Lächeln.

»Du … du meinst also auch«, stotterte Pablo, »dass ich versuchen soll, das Schiff aller Schiffe zu bauen?«

»Wieso auch – wer sagt das denn sonst noch?«

»Na ja – niemand, es ist nur so, dass ich vorhin, als ich unten am Strand war, den gleichen Gedanken hatte.«

»Ja, worauf wartest du dann noch?«, fragte Maria. »Küss mich, du Traum von einem Ehemann, und dann sieh zu, dass du mit den Zeichnungen vorankommst. Und wenn du so weit bist, lass uns zusammen mit den Werftarbeitern reden.«

Er würde das größte und prächtigste Schiff bauen, das jemals auf den Meeren gefahren war. Einen wahren Ozeangiganten, achtzig Schritte lang und fast zweitausend Tonnen schwer. Mit seinen drei Masten und einer ganz neuartigen Takelung würde es schneller fahren als der schnittigste Kraweel. In seinem Bauch ließen sich schwerere Lasten als auf drei Karacken zusammen verstauen, und mit einer Bewaffnung von nicht weniger als hundertvierzig Kanonen auf vier Decks wäre es eine schwimmende Festung, für Piraten und selbst für feindliche Kriegsflotten uneinnehmbar. Mit diesem Schiff könnte man also die entlegensten Häfen ansteuern und …

»Und Ihr erwartet allen Ernstes von mir, dass ich Euch für diesen Fiebertraum fünftausend Gulden leihe?« Der Geldverleiher strich sich über seinen Bart, während Pablo ihm eine Zeichnung nach der anderen vorlegte und seinen Plan erklärte. »Obwohl Ihr mir von Eurem letzten Kredit noch keine einzige Münze zurückgezahlt habt?« Er streckte Pablo die Hand zum Abschied hin.

»Aber es ist kein Fiebertraum«, sagte Pablo, »ich habe alles genau berechnet. Ich weiß, wovon ich spreche: Dieses Schiff wird schwimmen, und es wird das beste Schiff auf der ganzen Welt sein.«

Der Geldverleiher lächelte schmallippig. »Und wer soll es kaufen? Vielleicht der König höchstpersönlich?«

»Warum nicht?«, gab Pablo zurück, doch der Geldverleiher wollte nichts weiter hören. Er warf Pablos Skizzen und Berechnungen zu einem Haufen zusammen und schob sie ihm über den Tisch.

»Wenn Ihr einen Käufer gefunden habt, sprecht gerne wieder vor. Aber jetzt empfehlt Euch, Meister Pablo, ich habe wirklich zu tun.«

Maria hatte im Vorzimmer auf ihn gewartet. Als er aus der Tür trat, konnte sie schon von seinem Gesicht ablesen, wie die Verhandlung ausgegangen war. Sie erhob sich, die kleine Elisa im Arm, und lächelte ihm tröstend zu. »Auf zum nächsten Geldsack«, sagte sie, »wir haben noch einige auf unserer Liste.«

Bei sieben Bankiers und Geldverleihern hatten sie schon vorgesprochen, und keiner von ihnen war bereit, ihnen auch nur hundert Gulden zu leihen. Dabei hatten sie den größten Teil der benötigten Werkstoffe schon auf der Werft! Doch wegen der Ausmaße und neuartigen Bauweise des geplanten Schiffes mussten sie ihre Vorräte noch um einige kostspielige Materialien ergänzen. Außerdem mussten sie den Arbeitern zumindest einen Teil des versprochenen Lohns bezahlen, sonst wären ihre Familien am Verhungern.

Aber kein Geldverleiher und kein Bankier in ganz Puerto Nuevo, dachte Pablo, würde ihnen die benötigte Summe vorstrecken, solange sie keinen Auftraggeber vorweisen konnten. Und solange das Schiff nur in seinen Skizzen und Träumen existierte, würde ihnen auch niemand den Auftrag geben, einen solchen Meeresgiganten zu bauen.

Auf der Straße wartete der alte Antonio mit ihrem Zweispänner. Eben wollte Pablo hinter Maria in die Kutschkabine steigen, da erschallte ein Trompetenstoß, und auf einem prächtigen Rappen ritt ein königlicher Herold die Straße entlang. Hinter ihm rollte eine mit vergoldetem Schnitzwerk verzierte Kutsche, gezogen von vier Schimmelhengsten. Pablo sah dem funkelnden Fahrzeug hinterher. »Ein Gesandter aus der Hauptstadt«, sagte er zu Maria, als er neben ihr in der Droschke saß. »Anstatt von einem Bankier zum nächsten zu laufen, wäre es vielleicht gescheiter, unsere Pläne gleich dem Vertrauten des Königs vorzulegen.«

Maria warf ihm einen überraschten Blick zu. »Wie kommst du auf diese Idee?«

Pablo zuckte die Schultern. »Der Geldverleiher hat gehöhnt, dass ja der König persönlich das Schiff kaufen könnte. Aber vielleicht ist es wirklich einen Versuch wert.«

Maria beugte sich vor und klopfte gegen das Holzfenster hinter dem Kutschbock. »Antonio? Unsere Pläne haben sich geändert. Fahr bitte zum Palast des Provinzgouverneurs.«

Dort wartete allerdings schon die nächste Enttäuschung auf sie. Zwei grimmige Wächter standen vor dem verschlossenen Palasttor. Maria und Pablo redeten beschwörend auf sie ein, doch die Wächter waren durch kein Bitten und kein Betteln zu erweichen. Selbst als die kleine Elisa erwachte und zum Erbarmen weinte, blieben die Männer in der königlichen Uniform hart. Nein, der königliche Gesandte und der Provinzgouverneur waren für niemanden zu sprechen. Nein, auch eine Ausnahme durften sie nicht machen. Und wenn sie sich nebst quäkendem Säugling nicht schleunigst entfernten, würden sie Gelegenheit erhalten, ihr Begehren einer Zuhörerschaft vorzutragen, die noch weit schwerer zu erweichen sei als das Herz eines königlichen Palastwächters – den Kerkerwänden unter dem Gouverneurspalast!

»Aber wir haben dem königlichen Gesandten einen Brief zu übergeben«, sagte Maria und wiegte gleichzeitig die kleine Elisa, »das muss doch irgendwie zu machen sein?«

»Einen Brief?«, wiederholte einer der Wächter. »Warum sagt Ihr das nicht gleich? Immer her damit, wir werden schon dafür sorgen, dass er in die richtigen Hände gelangt.«

Pablo und Maria baten um einen letzten Aufschub, sprangen in ihre Kutsche und richteten mit fliegenden Fingern den Brief her. Von den wichtigsten Blättern mit Schiffszeichnungen und Berechnungen hatten sie ohnehin mehrere Abschriften angefertigt, damit Pablo sie den Geldverleihern überlassen konnte. Während Pablo Skizzen und Listen zu einem säuberlichen Häuflein fügte, warf Maria einige Zeilen aufs Papier. In ihrem Brief bezeichnete sie Pablo als Besitzer der angesehensten Werft von Puerto Nuevo und herausragenden Schiffsbauer, dessen Ruf gewiss schon bis zum Königspalast vorgedrungen sei. Er habe die vortrefflichen Geschützpforten ersonnen, und nun habe er eine noch sehr viel großartigere Neuerung auf dem Gebiet des Schiffsbaus erfunden, nichts Geringeres als das schnellste, mächtigste und wendigste Schiff der Welt. Diese *Königin der Meere* trage ihren Namen zu Recht, sie sei eine schwimmende Festung, ein windschnell über die Ozeane gleitender Palast, kurzum wie ersonnen und geschaffen für Seine Majestät.

»Du bist wunderbar«, sagte Pablo, nachdem er den Brief gelesen hatte. »Was würde ich ohne dich nur anfangen?«

»Das weiß ich wahrhaftig auch nicht«, gab Maria zurück.

Sie versiegelte den Brief, streichelte der kleinen Elisa mit zwei Fingern über das Köpfchen und sprang aus der Kutsche, um den Torwächtern den wichtigsten Brief ihres Lebens zu übergeben.

# KAPITEL 9

## *Das Leben selbst in die Hand nehmen*

Ich habe euch zusammengerufen, um euch meinen Plan vorzustellen, wie wir die Werft doch noch retten können, die Werft und jeden einzelnen eurer Arbeitsplätze. Aber dafür brauche ich eure Zustimmung und Unterstützung.« Pablo hielt kurz inne und sah auf die Menge der versammelten Arbeiter hinab. Er war auf eines der Gerüste an den Schiffsgerippen geklettert, die seit Monaten auf den Bauplätzen versandeten und in der Sonne verblichen. Wochenlang hatten Maria und er auf eine Antwort aus dem Königspalast gewartet, nun endlich war sie eingetroffen. Der König hatte lediglich die Hälfte der erbetenen fünftausend Gulden bewilligt, viel zu wenig, um alle Löcher zu stopfen, alle Gläubiger zu befriedigen. Doch immerhin, mit diesen Geldern konnten sie das große Werk beginnen. »Die meisten von euch kennen mich seit Langem«, fuhr er fort, »ich habe als Lehrling bei Don Pedro angefangen und mit vielen von euch hier auf der Strandwerft, im Lager und in den Werkstätten zusammengearbeitet. Ihr wisst also, Männer, dass ich mich mit dem Schiffsbau auskenne – so, wie ich meinerseits weiß, dass ich ohne euch, ohne euer Wissen und eure Zuverlässigkeit, nicht einmal das kleinste Schiff zusammenzimmern könnte. Wir brauchen uns gegenseitig, gerade in dieser schwierigen Lage, in der es für uns alle ums Überleben geht. Ja, auch für mich und meine Familie geht es ums Überleben«, betonte Pablo, da er gesehen hatte, dass einige Arbeiter zweifelnde Blicke wechselten. »Unser Haus ist an die Banken verpfändet, und ich besitze in dieser Werft nur noch die Werkzeuge und die Baumaterialien in den Lagern. Ich besitze allerdings auch die Pläne für das großartigste Schiff aller Zeiten.« Wieder hielt Pablo inne und sah von einem zum anderen, versuchte, ihre Mienen zu erforschen. Würden sie ihm zur Seite stehen, oder würden sie ihn verfluchen, wenn sie erst hörten, welches weitere Opfer er von ihnen verlangte?

»Wenn Ihr Arbeit für uns habt, Meister Pablo«, rief einer, »dann lasst uns ans Werk gehen! Wozu so viele Worte?« Beifallsrufe wurden laut, und ein anderer Arbeiter rief: »Zahlt uns den Lohn aus, den Ihr uns seit drei Monaten schuldet – dann bauen wir Euch jedes Schiff, das Ihr haben wollt!«

Pablo hob beide Arme, damit ihm die Leute weiter zuhörten. Denn nun riefen alle durcheinander, einige pfiffen auf den Fingern oder machten ihrem Unmut durch Buhrufe Luft. »Bitte lasst mich weiterreden«, sagte er, »ich verstehe sehr wohl, dass ihr auf mich nicht gut zu sprechen seid. Ich habe Fehler gemacht, für die wir alle büßen müssen, und ich schäme mich dafür. Ich bitte euch alle um Verzeihung, weil ich uns in diese Schwierigkeiten gestürzt habe. Aber jetzt gebt mir die Gelegenheit, meinen Fehler wiedergutzumachen. Wenn ihr mir noch einmal vertraut, werden wir in einem halben Jahr alle mit Stolz auf diese Zeit der Prüfung zurückschauen. Dann können wir uns sagen, dass wir zwar Schiffbruch erlitten haben, aber nicht untergegangen sind, sondern aus den Trümmern etwas noch viel Besseres, etwas ganz und gar Neuartiges geschaffen haben: das größte und prächtigste, sicherste und wendigste Schiff, das jemals die Meere befahren hat!« Als Pablo jetzt zu den Leuten hinuntersah, glaubte er in den Gesichtern schon ein wenig neue Zuversicht zu erkennen. Sie sahen einander an, hier und dort wurden zweifelnd die Schultern gehoben, aber die Mienen der meisten schienen zu besagen: »Na, einen Versuch ist es vielleicht wert.«

»Und für wen sollen wir dieses Schiff bauen?«, rief nun einer der älteren Schiffszimmerleute.

Pablo atmete tief ein und wieder aus. »Für den König«, sagte er, »das heißt …«

Die Leute brachen in Beifallsrufe aus, der Tumult wurde so laut, dass Pablo nicht weitersprechen konnte. »Pablo, Ihr seid der Größte!«, rief jemand.

Pablo hob eine Hand. »Das heißt, wenn ihm das Ergebnis gefällt«, fuhr er fort, »wenn den König das fertige Schiff so sehr überzeugt, wie das bisher nur für meine Zeichnungen und Berechnungen zutrifft.«

»Was soll das heißen?«, riefen nun die Leute. »Wenn ihm das Schiff nicht gefällt, müsst Ihr Euch dann einen anderen Käufer suchen?« Wieder schrien alle durcheinander. Pablo hatte plötzlich das Gefühl, dass ihm die Dinge entglitten. So schwierig hatte er es sich nicht vorgestellt, die Leute von seinem Plan zu überzeugen. Sein Blick flog über die Menge hinweg zu einem der Lagerschuppen hinüber. Dort saß Maria im Schatten einer Segeltuchplane, auf ihrem Schoß die kleine Elisa. Der Anblick stützte ihn so sehr, dass ihm mit einem Mal die überzeugenden Worte nur so zuströmten. »Ich bin gleich fertig«, rief er, »aber hört mich noch zu Ende an. Die Sache ist ganz einfach. Ich habe hier die Pläne für ein Schiff, wie es auf der Welt noch keines gegeben hat.« Er zog einige Blätter hervor und schwenkte sie hin und her. »Alles ist bis ins kleinste Detail ausgearbeitet. Das Schiff soll *Königin der Meere* heißen, denn es wird in jeder Hinsicht den höchsten Rang unter den Schiffen einnehmen. Wenn wir erst einmal ein Exemplar fertiggestellt haben, werden wir uns vor Aufträgen kaum mehr retten können. Alle Handelskompanien in der ganzen Welt werden unser Schiff besitzen wollen, mit dem man mehr Güter transportieren kann als mit drei Karacken zusammen. Auch die Kriegsflotten werden mit unserem Schiff jedem Gegner himmelweit überlegen sein, denn die *Königin der Meere* wird nicht weniger als hundertvierzig Kanonen an Bord haben, und sie wird gleichzeitig das schnellste Schiff sein, das je über die Ozeane gefahren ist. Und schließlich werden auch die Herrscherhäuser unsere *Königin der Meere* besitzen wollen, denn es ist ein schwimmender Palast, so groß und prächtig, dass die Könige ihren ganzen Hofstaat mit sich führen können.«

Auf der Werft war es immer stiller geworden. Die Leute hörten Pablo jetzt stumm zu, und manche lächelten ergriffen, als ob sie die herrlichen Bilder, die Pablo heraufbeschwor, deutlich vor sich sähen.

»Unser König«, sprach Pablo weiter, »hat sich schon bereit erklärt, die Entstehung des Schiffes mit einer gewissen Summe zu unterstützen. Es ist allerdings bei Weitem nicht genug, um alle Kosten zu decken. Ich bin überzeugt davon, dass der König uns die erste *Königin der Meere* abkaufen wird, aber damit dieses erste Schiff eines Tages vom Stapel laufen kann, müssen wir alle, ihr und eure Familien genauso wie meine Frau Maria und unsere kleine Elisa, noch einmal ein halbes Jahr lang auf alles verzichten, was wir nicht unbedingt zum Leben brauchen.« Jetzt war es heraus. Pablo atmete tief durch und wischte sich über die Stirn. Er war nass geschwitzt, aber er hatte das Gefühl, dass nur noch ein allerletzter Anstoß fehlte, damit die Leute ihm noch einmal vertrauen würden. »Um es klar und deutlich zu sagen«, schloss er, »ich kann euch von dem Lohn, den ich euch schulde, fürs Erste nur die Hälfte zahlen, und auch bis zum Herbst muss ich euch noch Monat für Monat die Hälfte eures Lohns schuldig bleiben. Aber ich schwöre euch hiermit, bevor der Winter kommt, werden wir die erste *Königin der Meere* zu einem stattlichen Preis verkauft haben, und dann zahle ich euch alles auf Gulden und Heller zurück – und jedem von euch drei Monatslöhne zusätzlich als Dank für eure Treue, euer Vertrauen und eure Geduld.« Wieder sah er über die Menge hinweg, suchte und fand den Blick von Maria, die ihm zunickte. »Gut gemacht«, schien ihr

Gesichtsausdruck zu besagen. Pablo fühlte sich bestärkt und spürte, wie seine Zuversicht wuchs.

»Die Hälfte ist besser als nichts«, meldete sich ein erfahrener Zimmermann zu Wort. »Und ich persönlich bin ja bereit, Euch noch einmal zu folgen, Meister Pablo, denn ich weiß, dass Ihr ein guter Schiffsbauer seid und es redlich mit uns meint. Aber ich weiß wirklich nicht, ob wir noch weitere sechs Monate mit dem halben Lohn überleben können. Fast jeder von uns hat mittlerweile beim Geldverleiher Schulden gemacht, und es reicht trotzdem hinten und vorne nicht. Unsere Kinder können vor Hunger nicht mehr schlafen, sie wachsen aus ihren Kleidern heraus. Wir haben nicht mal die nötigen Heller für ein paar Ellen einfaches Tuch, um ihnen neue Hosen und Röcke zu nähen. Wie sollen wir da noch ein halbes Jahr durchhalten?«

Während Pablo noch überlegte, was er hierauf antworten könnte, bemerkte er in den Augenwinkeln, dass sich Maria dort hinten beim Lagerschuppen erhob. Die kleine Elisa auf dem Arm, kam sie mit raschen Schritten zu ihnen herüber und mischte sich unter die Zimmerleute und Arbeiter. »Oben hinter dem Haupthaus«, sagte sie mit lauter Stimme, »ist eine große Brachfläche, die zur Werft gehört. Ich habe zusammen mit Antonio schon vor einigen Monaten begonnen, dort Getreide zu säen und Gemüse anzupflanzen. Alle Frauen, deren Männer auf der Werft mit an der *Königin der Meere* bauen, sollen das Recht haben, im Werftgarten für ihren eigenen Bedarf zu ernten.«

Nach diesen Worten wurde laut geklatscht und Bravo gerufen. »Einige von euch wissen vielleicht, dass mein Vater Don Carlos drüben im Hafenviertel eine Schneiderei besitzt. Er selbst hat mich zur Schneiderin ausgebildet, und wenn ich ihn darum bitte, wird er mir gewiss einige Ballen Leintuch schenken.« Sie wiegte die kleine Elisa hin und her und lächelte ihr zu. »Bringt nur alle eure Kinder zu mir, schickt sie nach oben ins Haupthaus – ich werde ihnen neue Röcke und Hosen nähen.«

»Das ist ein Wort, Donna Maria!«

Pablo sah in die Gesichter hinab. »Wenn alle mit anpacken, können wir's schaffen!« Hände reckten sich empor, und Pablo ließ sich hinunterziehen zu seinen Leuten, die ihm auf die Schultern schlugen, seine Hand schüttelten, ihn umarmten.

Der Bau der *Königin der Meere* wurde für sie alle zum Abenteuer ihres Lebens. Als sie endlich alle Vorbereitungen beendet hatten und damit beginnen konnten, die ersten Spanten für den Rumpf des Schiffes zusammenzufügen, gingen die Schwierigkeiten erst richtig los. Was auf Pablos Zeichnungen einfach und überzeugend aussah, stellte die Zimmerleute auf dem Bauplatz vor tausend Rätsel. Jeden Tag mussten sie Lösungen für Probleme finden, die sie vor Kurzem noch für völlig unlösbar gehalten hätten. Ständig fehlte es an allem, nichts passte, jede einzelne Planke, jede Spante, jede Metallschiene musste umgeändert werden. Und doch kamen sie in atemberaubender Geschwindigkeit voran.

Die Bankiers und die Geldverleiher mussten von Maria immer wieder beruhigt und vertröstet werden. Der königliche Brief wirkte täglich Wunder, aber je länger sich die Arbeiten hinzogen, desto ungeduldiger wurden die Geldhändler. Dass der König persönlich Meister Pablo seine huldvolle Unterstützung zugesagt hatte, war ja schön und gut, aber noch weitaus besser wäre es, wenn der Schiffsbauer endlich einmal begänne, seine Schulden zurückzuzahlen. Doch dazu war Pablo nicht imstande, nicht in vier Monaten fieberhafter Arbeit auf der Werft.

Binnen kürzester Zeit hatte sich das Gelände in ein Nomadenlager verwandelt. Die Frauen der Zimmerleute und Holzarbeiter gingen in der Werft ein und aus, säten, jäteten und pflückten im Garten, während ihre unzähligen Kinder im Salon auf Tischen oder Schemeln still stehen mussten, damit Donna Maria die Länge ihrer Beine und den Umfang ihrer Hälse ausmessen und neue Röcke, Hemden und Hosen schneidern konnte. Da Don Carlos die Gelegenheit genutzt hatte, zwei Ballen mit rot-weißem Würfelmuster abzustoßen, erhielten nun alle Kinder karierte Gewänder. Die Werft wimmelte bald schon von Harlekinen aller Altersklassen und Größen, die Kartoffeln im Garten klaubten, Gemüse putzen halfen oder ihren Vätern und großen Brüdern in der Werft zur Hand gingen. Schon nach wenigen Wochen war offenkundig, dass allen Schwierigkeiten zum Trotz auf Meister Pablos Strandwerft ein Wunderwerk entstand, wie die Menschheit noch keines erblickt hatte.

Während dieser ganzen Zeit befand sich Pablo in einem Zustand fiebriger Erregung. Er war überall gleichzeitig, alle kamen mit ihren Problemen zu ihm, und er beantwortete geduldig ihre Fragen. Wenn er einmal für ein paar Stunden Schlaf fand, dann arbeitete er im Traum weiter an der *Königin der Meere*, und nicht selten fielen ihm Lösungen, über die er tagsüber gegrübelt hatte, nachts im Schlaf ein. Dann schreckte er hoch, kritzelte etwas in seine Kladde, die immer neben ihm lag, und war im Morgengrauen schon wieder unten auf dem Bauplatz.

Vor seinem inneren Auge sah er die *Königin der Meere* in allen Einzelheiten vor sich, mit einer fast schmerzhaften Deutlichkeit. So viele Tage und Nächte hatte er über seinen Skizzen und Berechnungen gesessen und sich lebhaft vorgestellt, wie das neuartige runde Heck beschaffen sein sollte, wie die ungeheure Kanonenzahl auf den vier Unterdecks und die unzähligen Kajüten für die unterschiedlichen Passagiere anzuordnen waren. Er nahm ein Stück Holz in die Hand und sah deutlich die Stelle vor sich, wo sich dieses Brett in den kolossalen Körper des Riesenschiffes einfügen würde. Er hatte das Gefühl, dass die Grenzen zwischen Traum und Wirklichkeit, zwischen seinen Vorstellungen und der Arbeit auf der Werft, wenn nicht aufgehoben, so doch durchlässig geworden waren. Alle Männer, die an dem Schiff arbeiteten, bildeten zusammen einen geschickten und unermüdlichen Körper, der mit hundert Händen zu einem gemeinsamen Werk beitrug. Und er, Meister Pablo, war das Gehirn dieses Körpers, das erkannte, wie Gedanken und Wirklichkeit immer mehr zusammenwuchsen.

Abends aßen und tranken sie alle zusammen an langen Bänken im Hof vor dem Haupthaus, Pablo und Maria mit den Zimmerleuten und Holzarbeitern, deren Frauen und Kinder sich fast alle von morgens bis abends auf dem Gelände aufhielten. Es war, als ob sie alle eine riesige Familie geworden wären, mit vierzig Männern, fünfunddreißig Frauen, über hundert Harlekin-Kindern, die einträchtig die Suppe löffelten und das Brot brachen, die Maria und die anderen Frauen gekocht und gebacken hatten. Eher noch als einer Familie glichen sie einem eigentümlichen Hofstaat, der sich zusammengefunden hatte, um der *Königin der Meere* zu dienen.

Im Mai hatten sie mit den Arbeiten begonnen, und bereits im Oktober war der gigantische Rumpf vollständig errichtet und beplankt. Unter Pablos Anleitung setzten sie die Geschützpforten ein, während vor der Werft endlose Kolonnen von Lastkarren vorfuhren, die hundertvierzig Bronzekanonen lieferten.

Im November erschienen gleich vier Geldverleiher und stießen Drohungen aus, die Pablo das Blut in den Adern gefrieren ließen. Zusammen mit Maria empfing er sie im einstigen Salon, der längst einer Mischung aus Schneider- und Kinderstube glich. Die Geldhändler drohten Meister Pablo die städtischen Büttel auf den Hals zu hetzen. »Wir lassen das Haus räumen und Euer verrücktes Riesenschiff pfänden und wieder in seine Einzelteile zerlegen«, kündigten sie an. »Denn der monströse Kasten dort unten wird niemals schwimmen.«

»Gebt uns noch vier Wochen, werte Herren, dann werden wir Euch beweisen, dass auch die große *Königin der Meere* schwimmt«, sagte Maria in zuckersüßem Ton.

»In vier Wochen läuft sie vom Stapel?«, fragte einer der Herren nach.

Maria und Pablo wechselten einen Blick, und Pablo musste wieder einmal tief durchatmen. »Spätestens am 10. Dezember«, sagte er dann, »in genau vier Wochen, sticht die *Königin der Meere* beim ersten Tageslicht zu ihrer Jungfernfahrt in See. Ich habe schon einen Kapitän, Steuerleute und Mannschaft angeheuert. Am frühen Nachmittag des 12. Dezember werden wir den Hafen der Hauptstadt erreichen, schneller, als jedes andere Schiff diese Strecke zurücklegen könnte. Und dort wird mir der König das Schiff abkaufen.«

Die Geldhändler erhoben sich mit einem dünnen Lächeln. »Wir werden Euch am Kai erwarten. Wenn der König das Schiff nicht kauft, geht es unmittelbar in unseren Besitz über. Das Schiff und alles, was an dieser Werft nicht ohnehin schon uns gehört.«

Die *Königin der Meere* lief bereits am 8. Dezember vom Stapel. Um ein Schiff von achtzig Schritt Länge, einem Tiefgang von acht Schritt und einem Gewicht von fast zweitausend Tonnen überhaupt zu Wasser lassen zu können, hatten sie den neuen Bauplatz in spitzem Winkel zur Wasserlinie errichtet, nicht rechtwinklig, wie es bisher der Brauch gewesen war. Während die Kinder die Augen aufrissen und die Frauen den

Atem anhielten, zogen Pablo und seine Männer das knarrende Riesenschiff Zoll um Zoll zum Meer hinab. Der Bug erreichte die Wasserlinie und tauchte in die Bucht ein, voran die riesige Galionsfigur, ein silberfarbener Reiter auf seinem sich aufbäumenden Streithengst. Unter Begeisterungsrufen ihres gesamten Hofstaats glitt die *Königin der Meere* rasch und immer rascher in die türkisgrünen Fluten vor der Werft. Sicher und ruhig lag sie im Wasser, das größte, prächtigste Schiff, das jemals in der Bucht von Puerto Nuevo oder irgendwo auf dieser Erde gesehen worden war.

Pablo stand am Strand, wie er so häufig hier unten gestanden hatte, mal glücklich, mal verzweifelt, mal voller Hoffnung. Er blickte voller Ehrfurcht auf sein Schiff, das sich in der Dünung wiegte, und war froh, dass er seinen Arm um Marias Schultern gelegt hatte, so schwindlig fühlte er sich mit einem Mal. Es ist vollbracht, dachte er, die *Königin der Meere* schwimmt! Mit ihrem riesigen und doch anmutig wirkenden Leib, den Verzierungen an den Geschützpforten, den Schnitzereien an Bug und Heck, den drei gewaltigen Masten, die vor dem orangeroten Morgenhimmel aufragten, sah sie einfach überwältigend aus.

Pablo wandte sich um, Maria immer noch im Arm, sah die Männer, Frauen und Kinder, die ihn nun alle erwartungsvoll anblickten. Sicher glaubten sie, dass er wieder eine Rede halten würde, aber Pablo brachte nur einen einzigen Satz heraus. »Danke«, sagte er, »ich danke euch allen von ganzem Herzen.« Dann versagte seine Stimme, und sein Blick verschwamm in Tränen.

Von allen Seiten kamen nun die Leute auf ihn zu, beglückwünschten ihn, und er bedankte sich bei jedem Einzelnen von ihnen, drückte Hände, klopfte auf Schultern, umarmte und ließ sich selbst umarmen. Für heute war alle Arbeit verrichtet, zum ersten Mal seit langer Zeit würden die Zimmerleute wieder mit ihren Familien nach Hause gehen. Zur Abendstunde würden sie alle noch einmal im Hof vor dem Haupthaus der Werft zusammenkommen, wie es ihnen zur Gewohnheit geworden war. Pablo sah zu, wie die Leute nach und nach den Strand verließen, als Letzte gingen er und Maria zum Haus zurück. Im Gehen drehten sich alle immer wieder zur Bucht um und schauten, wie sich die *Königin der Meere* majestätisch auf den Wellen wiegte. Sie lachten oder klatschten in die Hände, aus reiner, noch immer halb ungläubiger Freude, dass ihnen das Wunder wirklich gelungen war.

»Sieh dir diese Kugeln an«, sagte Pablo, »ich habe dir nie erzählt, woher sie stammen und warum ich sie alle vier aufgehoben habe.« Er saß mit Maria am Tisch im einstigen Salon. Elisa krabbelte auf dem Boden umher, offenbar zufrieden, dass endlich einmal die ganze kleine Familie in Ruhe beisammen war. Pablo rollte die vier Eisenkugeln auf dem Tisch hin und her und erzählte Maria die Geschichten ihrer Herkunft. Als er bei der dritten Kugel angekommen war, meinte er: »Über diese hier bin ich am Strand drüben in der Nähe des Hafens gestolpert – an dem Tag, an dem wir uns kennengelernt haben.«

»Du meinst, an dem ich dir beinahe den Eimer Wasser über den Kopf geschüttet hätte?«

»Ja, zum Glück«, sagte Pablo und musste lachen. »Zum Glück hast du mich nicht getroffen, aber ein noch größeres Glück war es, dass du gerade das Wasser ausgeschüttet hast, als ich vorbeigekommen bin.«

»Weil es dich auf die Idee mit den Geschützpforten gebracht hat?«

»Ach woher«, meinte Pablo schmunzelnd, »weil ich dich sonst vielleicht niemals kennengelernt hätte!«

»Das glaube ich nicht, Liebster.« Maria rückte ihren Sessel näher zu ihm heran. »Wir sind füreinander bestimmt, und das Schicksal hätte mit Leichtigkeit noch eine andere Möglichkeit gefunden, wie du mir vor die Füße hättest stolpern können.« Sie schmiegte sich an seine Schulter. »Was hat es übrigens mit der vierten Kugel auf sich?«

Da erzählte Pablo, wie er nach der Nachricht von Don Rodrigos Ruin hinunter zum Strand gelaufen und nicht weit von den Schiffsbauplätzen über die vierte Kugel gestolpert war. »Es sind keine gewöhnlichen Kugeln«, betonte er. »Immer wenn ich das Gefühl hatte, nicht weiterzuwissen, oder zu einer Kreuzung auf meinem Lebensweg kam und nicht wusste, in welche Richtung ich abbiegen sollte, ist mir eine solche Kugel vor die Füße gerollt.« Er druckste ein wenig herum, dann gestand er Maria schließlich auch noch, dass er in den Kugeln jedes Mal das Gesicht eines Mannes erblickt hatte, der ihm seltsame Fragen gestellt und ihm auf diese Weise geholfen hatte, das Durcheinander in seinem Kopf zu ordnen.

Maria schaute zweifelnd drein, nahm eine der Kugeln in die Hand und betrachtete ihr Spiegelbild. »Kann es sein, dass du einfach dich selbst gesehen hast?« Sie betrachtete ihn und lächelte warmherzig.

Pablo hielt inne. »Ja, das stimmt«, sagte er dann, »mehr als einmal hatte ich den Eindruck, dass das Gesicht in der Kugel mir ähnlich sieht.« Also hatte er jedes Mal Zwiesprache mit sich selbst gehalten, wenn er auf eine der Silberkugeln gestoßen war? Und der Mann, der sich in der Kugel gespiegelt hatte, war letztlich niemand anderes als sein inneres Ich, jene weise Seite unseres Selbst, die sich uns meist nur in Träumen oder unserer Intuition offenbart? Ja, dachte Pablo, so musste es wohl sein.

Aber ehe er Maria erklären konnte, was ihm gerade durch den Kopf gegangen war, legte sie die Kugel wieder auf den Tisch und ließ sie auf seine Seite zurückrollen. »Tja, da siehst du's – jeder ist seines Glückes Schmied«, sagte sie mit einem Lächeln.

»Ja, du hast recht – jeder ist seines ...« Ruckartig sprang Pablo auf und sammelte die Eisenbälle ein.

»Was hast du denn plötzlich, Liebster?«, fragte Maria. »Wo willst du denn hin?«

»Obwohl mir das Schicksal vier Mal eine solche Kugel vor die Füße gerollt hat«, gab Pablo zurück, »fange ich erst heute an zu verstehen, was es damit auf sich hat. Entschuldige mich, Liebste, ich muss sehen, dass ich Tommaso noch erwische.« Er eilte hinaus und traf den Schmied tatsächlich noch in seiner Werkstatt an. Tommaso erklärte, dass es eine Kleinigkeit für ihn sei, nach dem Vorbild der vier Eisenbälle eine fünfte Kugel zu schmieden.

Am Nachmittag des nächsten Tages stand Pablo am Strand. Er warf die Kugeln in die Luft und fing sie wieder auf, erst zwei und drei, um sich an ihr Gewicht zu gewöhnen, dann vier, mit jeder Hand zwei, wie er es seit vielen Jahren gewohnt war. »Wenn du mit vier Bällen jonglierst, arbeitet jede deiner Hände für sich«, hatte Pepe immer gesagt, »die linke Hand kontrolliert zwei Bälle, die rechte Hand kontrolliert zwei Bälle. Aber wenn du mit fünf Bällen jonglierst, dann ist es, als ob du zwischen deinen beiden Hälften unaufhörlich Brücken schlagen würdest. Wer fünf Bälle in der Luft halten kann, der

136

lebt mit Geist, Seele und Körper, mit jeder Faser seines Wesens, mit allen Sinnen und von ganzem Herzen.«

Pablo schob seine Fußspitze unter den fünften Eisenball, der vor ihm im Sand lag, lupfte ihn empor und versuchte, mit fünf Kugeln zu jonglieren. Das ging anfangs nicht leicht, und er musste immer wieder von Neuem anfangen. Vor ihm in der Bucht wiegte sich majestätisch die *Königin der Meere*, und bald schon bewegten sich die fünf Kugeln im gleichen Rhythmus. Sie stiegen aus der einen Hand empor und fielen in die andere hinab, sie flogen in einem vollkommenen Bogen, makellos wie das runde Heck der *Königin der Meere*. Pablo spürte den milden Wind auf seiner Haut und schmeckte den salzigen Geschmack des Meeres. Er hörte, wie die Kugeln durch die Luft rauschten, mit leisem Klatschen in seinen Händen aufkamen, um wieder emporzuschnellen. Alles geschah wie von selbst und völlig mühelos. Niemals zuvor hatte er so intensiv und mit all seinen Sinnen wahrgenommen, und niemals zuvor hatte er sich so vollkommen mit sich selbst und seiner Welt in Einklang gefühlt. Es war, als ob er selbst und das Universum in perfekter Harmonie schwingen würden, im Rhythmus der fünf Kugeln, die in seinen Händen auf und nieder flogen.

Eine Weile kostete Pablo diesen Glücksmoment aus, doch schließlich fing er die Kugeln auf und legte sie neben sich in den Sand. Wie kommt es nur, fragte er sich, dass gerade das Jonglieren mit fünf Bällen ein solches Glücksgefühl erzeugen und alle Sinne derart schärfen kann? Er dachte darüber nach und erkannte, dass seine Frage bereits einen Teil der Antwort enthielt. Die Zahl Fünf bedeutete nichts anderes als vollkommene Entfaltung und Harmonie. Fünf Finger haben wir an jeder Hand, und mit ebenso vielen Sinnen können wir die Welt wahrnehmen. Nur wenn wir alle fünf Kugeln gleichzeitig in Bewegung halten, nutzen wir alle unsere Möglichkeiten, und nur dann leben wir mit uns selbst in Harmonie. Wieder wanderte sein Blick zur *Königin der Meere* hinüber, die in der leichten Dünung der Mole schaukelte. Als ich noch in meinem Heimatdorf lebte, jeden Morgen mit dem Fischerboot hinausfuhr und glaubte, dass ich mein Leben an der Seite von Olivia verbringen sollte, war das genauso, wie mit drei Kugeln zu jonglieren. Es war nicht das Leben, von dem ich geträumt hatte, aber es war bei Weitem auch nicht so, dass man es leichten Herzens aufgeben würde. Pablo schaute zu den Kugeln hinab, die neben seinem Fuß im Sand aufgereiht lagen. Ging es nicht vielen Leuten, denen er auf seinem Weg begegnet war, genauso? Waren sie nicht alle in einem Leben gefangen, das einem Spiel mit drei Kugeln glich? Viele der Händler auf dem Marktplatz in der Hafenstadt waren mürrisch ihrem Tagwerk nachgegangen, nicht zufrieden mit ihrem Schicksal, aber auch nicht so unzufrieden, dass sie daraus die nötige Kraft schöpften, um sich loszureißen und einen neuen Anfang zu wagen. Wie viel leichter war es dagegen, dachte Pablo, sich aus Verhältnissen zu befreien, deren Enge man tagtäglich aufs Neue spürte. Als Lastenschlepper fühlte es sich an, als ob er mit einer einzigen Kugel jongliert hätte. Es erforderte wirklich nicht mehr als ein wenig körperliche Zähigkeit und Geschicklichkeit. Solange man nicht all seine Sinne abgetötet, sich das Denken verboten und das Träumen abgewöhnt hatte, konnte man eine solch stumpfsinnige Plackerei nicht lange ertragen. Und deshalb war es ihm auch viel leichter gefallen, von dort wegzugehen, als sich aus dem bequemen Leben in seinem Heimatdorf zu verabschieden. Auch seine ersten Wochen als Schiffsjunge auf der *Santa Cruz* hatte er nur deshalb durchgestanden, weil er immer sein großes Ziel vor Augen hatte. Und es war ein Leben, das er selbst gewählt hatte. Deshalb fühlte sich die Anfangszeit als Schiffsjunge immerhin so an, als ob er mit zwei Kugeln jongliert hätte. Pablo kauerte sich neben den Eisenkugeln in den Sand und fuhr mit der Hand über das runde Metall. Es erstaunte ihn, wie vollkommen das Jonglieren mit einem, zwei oder drei Bällen den verschiedenen Stationen seines bisherigen Lebenswegs entsprach. Wenn er es sich recht überlegte, hatte er sich zunächst immer als Opfer der Umstände gesehen, in die er hineingeraten war. Bis ihm klar wurde, dass er die Umstände verändern und zum Meister seines Lebens werden konnte. Und mehr noch: Erst heute hatte er erkannt, was das Spiel mit den fünf Kugeln letzten Endes bedeutete: ein Gleichnis des menschlichen Lebens, unserer verborgenen Fähigkeiten und des möglichen Gleichklangs zwischen uns und unserer Welt.

Es war gewiss kein Zufall, dass er als Heringsjongleur mit vier Fischen jongliert hatte. Sein Leben bei Miguel und Juanita entsprach dem Jonglieren mit vier Kugeln. Es war ein befriedigendes Leben, mit einem einträglichen Beruf, der ihm Spaß gemacht hatte. Mit einer Frau an seiner Seite, die ihn ebenso mochte, wie er ihr zugetan war. Aber es war dennoch nicht das Leben, das seiner Bestimmung entsprochen hätte, so, wie auch Juanita nicht seine große Liebe gewesen war.

Erst als Schiffsbauer und erst durch seine Verbindung mit Maria hatte er sich ein Leben geschaffen, das dem Jonglieren mit allen fünf Kugeln entsprach. Erst mit dem Schiffsbau hatte er seine Bestimmung gefunden, dachte Pablo. Seitdem hatte er gelernt, mit allen Sinnen zu leben, alle in ihm schlummernden Begabungen zu entfalten. Nur so war es ihm möglich gewesen, selbst die größten Schwierigkeiten und Krisen zu meistern. Als er damals an der Schiffswand der *Santa Cruz* hing, den bewusstlosen Diego zu seinen Füßen, neben ihm das riesige Leck und unter ihm das tosende Meer – damals hatte er schon einmal für eine kurze Zeit erlebt, wie es ist, in vollkommener Harmonie mit sich selbst und seiner Umgebung zu sein. Als er damals das Leck geschlossen und ganz intuitiv gearbeitet hatte, war dieser Zustand bereits so, als ob er mit fünf Kugeln jongliert hätte, auch wenn ihm das überhaupt noch nicht bewusst gewesen war. Und seine Liebe zu Maria war geprägt von Harmonie und Erfüllung, das Fundament ihres gemeinsamen Lebens. Maria zu verlieren wäre, als ob er plötzlich wieder verlernen oder sich selbst verbieten würde, mit allen fünf Kugeln zu jonglieren.

Pablo sammelte die Silberkugeln ein und erhob sich aus dem Sand. Das Geheimnis der fünften Kugel ist nichts anderes als das Geheimnis des Lebensglücks, stellte er fest, und sein Blick wanderte wieder zur *Königin der Meere.*

Die Sonne versank bereits wieder im Meer, als er sich auf den Weg zu Maria machte. Ich habe meine berufliche Bestimmung gefunden, und die Liebe meines Lebens – meine Frau Maria, meine Tochter Elisa. Ich bin von Freunden und Kollegen umgeben, ohne deren Beistand die *Königin der Meere* niemals erbaut worden wäre. Alles hat sich zu einem idealen Ganzen gefügt, zu vollkommener Schönheit und Harmonie.

Und wieder war es ihm, als ob er in seinem Innern die Stimme des alten Pepe hörte: »Nun bist du so weit, Pablo, nun hast du es verstanden. Nimm dein Leben selbst in die Hand und schmiede mit an deinem eigenen Schicksal. Wenn du das Lebensglück in vollen Zügen auskosten willst, mach es dir zur Gewohnheit, mit allen fünf Kugeln zu jonglieren. Dann bist du im Leben angekommen. Denn Fünf ist die Zahl der Vollkommenheit, sie wird auf der ganzen Welt als heilige Zahl verehrt.«

Majestätisch glitt die *Königin der Meere* dahin, schneller, sicherer und wendiger als jedes andere Schiff, das jemals gebaut worden war. Pablo stand hoch oben auf der Kapitänsbrücke, an seiner Seite Maria mit der kleinen Elisa im Arm. Ein Offizier reichte ihm ein Fernrohr, und er erblickte den Landstrich, der weit voraus aus den Fluten ragte. Dort drüben glitzerte alles, als ob es aus purem Gold wäre. Eine gewaltige Stadt erhob sich hinter der Bucht, mit fantastischen Türmen, Kuppeln und Zinnen. Bald schon waren sie so nahe heran, dass Pablo mit bloßem Auge die wundervollen Einzelheiten unterscheiden konnte. Hinter dem Strand begann ein weitläufiger Park, mit prächtigen Bäumen, blühenden Hecken und kühnen Wasserspielen. Inmitten des Parks erhob sich der Palast, die königliche Fahne wehte auf dem Dach zum Zeichen, dass Seine Majestät zugegen war.

»Puerto Nuevo sieht bei Sonnenaufgang aus, als ob es aus purem Gold wäre«, sagte Maria und kniff die Augen zusammen. »Die Stadt des Königs aber ist es wirklich.«

»Ja«, antwortete Pablo. Diesmal hatte er sie wirklich gefunden, die Stadt aus seinem Traum. Er beugte sich über die Reling, und als er hinab in die Wellen sah, fiel ihm ein, wie er in der Fischerhütte seiner Eltern aufgewacht war, nachdem er von der goldenen Stadt geträumt hatte. Das Herz hatte ihm vor Aufregung bis zum Hals geschlagen, und er hatte zum ersten Mal gespürt, dass er aufbrechen, die Enge seines Heimatdorfes hinter sich lassen musste, weil es ihm so bestimmt war. Eines Tages, dachte Pablo, würde er mit einem Schiff wie diesem in die Bucht seines Heimatdorfs einfahren und seinen lieben alten Eltern erzählen, was aus ihm geworden war. Dann würden sie verstehen, dass er sie damals verlassen musste und dass alles so hatte kommen müssen, wie es gekommen war.

Die *Königin der Meere* landete im Hafen der Hauptstadt an, unter den fünf goldenen Kuppeln des Königspalastes. Von allen Seiten liefen die Leute auf die Kaimauer zu. Ob der König oder jemand anderes mir dieses Schiff abkauft, dachte Pablo, ist letzten Endes einerlei. Ich habe meinen Traum verwirklicht, meinen Weg gefunden und das Geheimnis der fünften Kugel erfahren.

# DANK

Mein besonderer Dank gilt Mirja Lang, die mich von der ersten Idee bis zur Fertigstellung bei der Arbeit an diesem Buch begleitete und mit ihrer intuitiven Kraft, ihrer unerschöpflichen Kreativität und ihrer großartigen Unterstützung wesentlichen Anteil an der Entstehung hatte; Andreas Gößling, ohne dessen virtuosen Umgang mit Wort und Sprache und ohne dessen poetische Fähigkeiten und grenzenlosen Ideenreichtum diese Geschichte niemals entstanden wäre; Bettina Traub, die es schaffte, den Text auf seine wahre Essenz zu reduzieren und ihn auf diese Weise unglaublich prägnant werden ließ; Roman Hocke, Markus Michalek, meinen Literaturagenten von der AVA international, die meine Idee von Anfang an mitgetragen und mit ihrer Überzeugungskraft und Beharrlichkeit den Weg zur Veröffentlichung bereitet haben; und schließlich gilt mein Dank auch all denen, die auf der Suche nach ihrer Bestimmung sind oder sich auf dem Weg zur Erfüllung ihrer Bestimmung befinden und mich so zu diesem Buch inspiriert haben.

# MEHR VON THOMAS BASCHAB

*Warum* wird der eine Weltmeister, und
der andere belegt Platz 64?

*Warum* macht der eine Karriere und hat Spaß am Beruf,
und der andere kommt nicht voran und ist
unzufrieden mit sich und der Welt?

*Warum* ist der eine glücklich in seiner Beziehung und
führt ein erfülltes Familienleben, und der andere scheitert
ständig im Privatleben?

*Warum* gelingt dem einen, was dem anderen misslingt?

Sicherlich gibt es viele Gründe für Erfolg,
doch einer spielt als grundlegender Erfolgsfaktor immer
eine herausragende Rolle: die *mentale Einstellung.*

Thomas Baschab bringt mit seinen ungewöhnlichen
Methoden und seinem begeisternden Seminarstil – eine
sehr authentische Mischung aus Tiefgang und Humor –
seit 1987 Sportler, Führungskräfte und Mitarbeiter aller
Branchen auf Erfolgskurs. Sein Portfolio:

- Vorträge (auch online und hybrid)
- Unternehmens-Seminare
- Live-Events
- Einzelcoaching
- Ausbildung zum Mentalcoach
- Ausbildung zum Sport-Mentalcoach

Alle Informationen unter www.thomasbaschab.de